Wolf-Rüdiger Baumann | Claudia Saam

EIN HAUS SCHREIBT GESCHICHTE

BERLIN, MOMMSENSTRASSE 6

: TRANSIT

INHALT

Postfach 120307 | 10593 Berlin
www.transit-verlag.de

Umschlagabbildung © Irene und Lars Frykholm: Lisel Blech mit ihrem Ehemann Árpád Sándor 1933 vor dem Haus Mommsenstraße 6. Leo Blech hat es vor ihrer Abreise nach New York aufgenommen.
Umschlaggestaltung und Layout © Gudrun Fröba
Druck und Bindung: CPI BOOKS Deutschland
ISBN 978-3-88747-415-7

FSC MIX Papier FSC® C083411

Fritz Wolff, Hotel Odessa, 28, Rue d' Odessa, Paris, 30. Juli 1933 an seinen Bruder Theodor Wolff – beide waren im März 1933 vor den Nazis geflohen:
»... ich (habe) manchmal Sehnsucht nach der Mommsenstraße, wo unsere hübsche Wohnung, unsere Arbeiten, unsere Möbel vergeblich auf die Herrschaft warten. Offen gestanden glaube ich nicht mehr an die Rückkehr, die allgemeine Vergiftung frisst sich wohl zu tief in das ganze Volk ein. Freilich wird das Erwachen aus diesem Wahnsinnsrausch eines Tages furchtbar sein.«

*

Heinz Tietjen, Intendant der Opernbetriebe und des Konzertwesens am 21. Mai 1945 an Leo Blech in dessen Stockholmer Exil:
»Wenn ich durch die Mommsenstraße gehe und schaue durch das schöne schmiedeeiserne Gitter auf das umrankte Gartenhaus, dann meine ich immer, ich dürfte zu ihnen hineingehen zu einem schönen geistigen Plausch so ganz losgelöst von allem Dramatischen und Schlimmen, das wir erlebten. Sehen Sie, mein lieber Freund – und auf diesen Plausch freue ich mich auch, denn ich weiß, er wird kommen!«

PROLOG

Passanten bleiben stehen, heben ihren Kopf zur Gedenktafel für Leo Blech oder senken ihn zu den Inschriften auf den zwanzig Stolpersteinen, die mit eingravierten Namen und Lebensdaten auf dem Gehweg vor dem Haus eingelassen sind. Sie blicken durch das schmiedeeiserne Gittertor auf das Gartenhaus mit der Kopie der Venus von Milo über dem Brunnen. Nicht umsonst nannte man in früheren Zeiten das Haus »Mommsenschlösschen«.

Jedes Schloss birgt Geheimnisse, manchmal sehr dunkle. An ein furchtbares Kapitel erinnern die Stolpersteine, der erste am 11. Dezember 2007 zum Gedenken an Clara Lehmann verlegt. Wer dabei war, als am 24. April 2014 fünf weitere Stolpersteine folgten, konnte erleben, wie Bewohner und Passanten einander erzählten, was sie von unterschiedlichen Seiten gehört hatten.

Man munkelte, dass die Juden im Gartenhaus gewohnt haben, die Nazis im Vorderhaus, dass Briefe und Pässe jüdischer Mitbewohner noch auf dem Wäscheboden lagen und bei dessen Ausbau verloren gingen, dass die Ufa einst im Haus war, dass, nachdem die Rote Armee die »Schlacht um Berlin« gewonnen hatte, Russen im Haus wohnten, dass sie im Hof Nazis erschossen haben. Manche Geheimnisse ließen sich lüften, manche bleiben in den Mauern bewahrt.

An jedem Gerücht, so sagt man, klebt ein Körnchen Wahrheit. Doch was ist Wahrheit und was Mythos? Das wollten wir herausfinden und sind auf Spurensuche gegangen, haben Archive und Bibliotheken besucht, Zeitzeugen ausfindig gemacht und Fakten zusammengetragen. Dafür sichteten wir hinterlassene Texte und viele persönliche Unterlagen, transkribierten und übersetzten sie, um die vielen Teile dann wie ein Puzzle zu einer Geschichte zusammenzufügen.

Warum eine Geschichte über das Haus und seine Bewohner? Um Verlorenes gegenwärtig zu machen, den Menschen eine Stimme zu geben, ein Gesicht. »Durch die Treppenhäuser huschen die flüchtigen Schatten all derer, die eines Tages da waren«, hat Georges Perec in seinem Werk *Das Leben. Gebrauchsanweisung* geschrieben. Das Haus mit seinen vielen Eingängen, Fluren, dem Garten birgt ihre Geschichten, bildet einen menschlichen Organismus in Bewegung und Beständigkeit gleichermaßen.

Was erzählt uns das Haus? Es erzählt von einem turbulenten, ereignisreichen halben Jahrhundert, von Beginn des 20. Jahrhunderts bis zum Sommer 1945, als in Berlin die Uhren auf Moskauer Zeit umgestellt wurden. Es erzählt von seinen berühmten und eher unbekannten Bewohnern. Folgt man ihnen in ihre Welt und begleitet sie auf ihren verzweigten Wegen, werden ihre Schicksale wieder lebendig: Freude und Trauer, Erfolg und Misserfolg, Verfolgung und Gewalt, Flucht und Tod. Umbrüche, die sich auf höchst unterschiedliche Art in ihrem Leben widerspiegeln.

Es erzählt vom Lebensgefühl der wilhelminischen Epoche, von jüdischer Identitätsfindung, der Desillusionierung durch den Ersten Weltkrieg, von Berlin als Versuchsfeld der Moderne, vom Siegeszug der Nationalsozialisten, von Krieg, Deportation und Mord, Überleben und »Niemandszeit«. Ein Panorama deutscher Geschichte. Viele Bewohner, auch bedeutende Personen ihrer Epoche, sind in Vergessenheit geraten. Wir bringen sie in unser Gedächtnis zurück.

BELLE ÉPOQUE

Belle Époque, diese zwei Worte üben einen ungebrochenen Zauber aus und ziehen uns in den Bann der »schönen Epoche«. Ausgehend von Paris strahlte die Periode, die für einen Zeitraum von der Wende des 19. zum 20. Jahrhundert bis zum Ausbruch des Ersten Weltkrieges steht, in europäische Metropolen aus und findet sich in Berlin und der noch selbständigen Stadt Charlottenburg wieder. Auch wenn fast überall der schwerfällige, opulente Historismus dominiert, kündigt die kurze Zeit der Belle Époque die Moderne an.

Wer durch die Mommsenstraße spaziert, sieht Häuser im Stil der Gründerzeit und des Jugendstils. Die Epoche steht für technischen und wirtschaftlichen Fortschritt, wissenschaftliche Entwicklung und kulturelle Blüte, nicht nur für Preußentum und Militarismus. Entscheidenden Anteil daran hatte das jüdische Bürgertum. Für den aufgeklärten Bildungsbürger waren es ertragreiche, fruchtbare Jahre, und dank einer ungewohnt langen Periode innereuropäischen Friedens blickten viele Menschen mit Zuversicht in die Zukunft.

Die Belle Époque gilt als eine Zeit neu entdeckten Lebensgenusses, dem man in den Cafés und Cabarets, den Ateliers und Galerien, den Konzertsälen und Salons frönte. Es entstanden viele neue Kunstrichtungen. Man fand sie in der Architektur, der Malerei und Musik, in der Literatur und auf den Bühnen. Naturalismus, Impressionismus, Jugendstil, Expressionismus und Kubismus waren die neuen Strömungen. Auf den Bühnen fand der Naturalismus seinen Höhepunkt. Er bildete den Alltag sozialer Milieus ab. Die Freie Volksbühne wandte sich an die »Arbeitermassen«. Alles schien möglich.

Die Mommsenstraße in Charlottenburg

Charlottenburg wirkte wie ein Magnet. Die reichste und modernste Stadt Preußens bot alles, was das Leben erleichterte und lebenswert machte: gute Verkehrsanbindungen, Nähe zum Grunewald, vielfältige kulturelle Angebote, Cafés, feine Geschäfte, eine prachtvolle Wohnbebauung, breit angelegte Straßen und Gehwege, gesäumt von Linden, die im Sommer einen betörenden Duft verströmen. Dazu großartige Bühnen für Oper und Theater. Ein liberales und wohlhabendes Bürgertum zog es in die Gegend um den Kurfürstendamm und seine Seitenstraßen, darunter die parallel zu ihm verlaufende Mommsenstraße, benannt nach dem Historiker und Literatur-Nobelpreisträger Theodor Mommsen. Er hatte für Einheit und Freiheit und gegen Antisemitismus gefochten, war Mitbegründer der liberalen Deutschen Fortschrittspartei und 1890 auch des Vereins zur Abwehr des Antisemitismus. In dieses Neubaugebiet zogen auch viele jüdische Bürger, die zum großen Teil dem säkularen oder liberalen Judentum angehörten. Schnell wurde die Gegend zwischen Kurfürstendamm und der parallel verlaufenden Kantstraße zum Mittelpunkt jüdischen Lebens in Charlottenburg.

Das Mommsenschlösschen

Der Reformarchitekt Albert Gessner und sein Schwiegervater, der Baumeister Ferdinand Harnisch, der im Besitz mehrerer Grundstücke in Charlottenburg war, gestalteten die Bebauung eines Karrees, begrenzt von Mommsenstraße, Bleibtreustraße und Niebuhrstraße. Ihre Baustile konnten unterschiedlicher kaum sein: Harnisch errichtete Häuser im Neorenaissancestil, Gessner im Jugendstil mit klassizistischen Elementen.

Im Bauaktenarchiv des Bezirks Charlottenburg-Wilmersdorf erfahren wir mehr. Bauschein Nr. 275 vom 4. November 1903 weist aus, dass Gessner 1903-1904 als erstes einer über die Grundstückstiefe bis zur Niebuhrstraße durchgehenden Mietshausgruppe ein fünfgeschossiges Wohnhaus (*Gelbes Haus* I) in der Mommsenstraße 6 realisierte. Es folgten Mietswohnhäuser in der Niebuhrstraße 78 (*Gelbes Haus* II) und in der Mommsenstraße 5 (*Gelbes Haus* III). Baumeister der Mietswohnhäuser Nr. 15/16 und Nr. 17 in der Bleibtreustraße war sein Schwiegervater. Die *Gelben Häuser* fasste Gessner zu einem Gebäudekomplex zusammen, einer Blockrand-

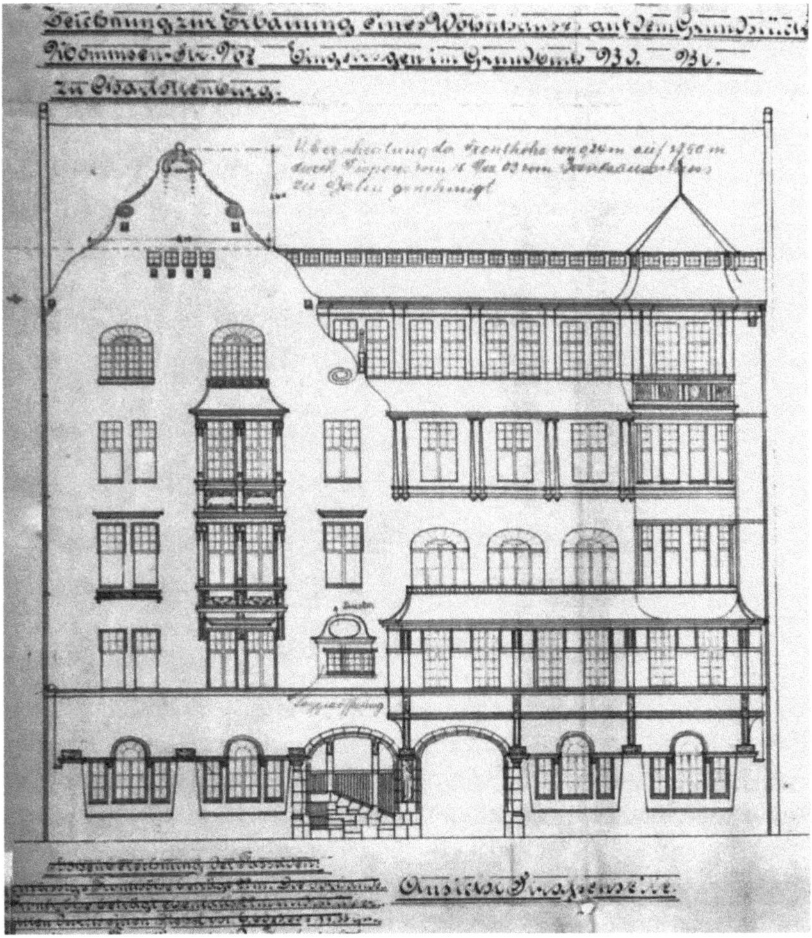

Albert Gessners Entwurf »Gelbes Haus I«, 1903

bebauung ohne Seitenflügel und öffnete so die Höfe Richtung Niebuhrstraße.

Nach der Fertigstellung 1904 lobte die Architekturzeitschrift *Berliner Wohnkultur* den Charakter eines »vornehmen, aber einfachen Wohnhauses«, das sich in seiner »schlichten Sachlichkeit« von den umgebenden »Mietpalästen« unterscheide. Gessner war ein Visionär, überzeugt von der Idee der Individualität des Menschen. Nach seinem Verständnis vom modernen Bauen sollten auch Wohnungen in einem Mietshaus ein individuelles Gesicht erhalten und den unterschiedlichen Bedürfnissen der Mieter entsprechen.

Mommsenstraße 6, 1904

Gessner hat den Wohnungen verschiedene Bestimmungen zugedacht. Sie sollten einladen zum Repräsentieren, aber auch zum Arbeiten. Er stellte sich eine vielfältige Bewohnerschaft vor. Die Wohnungen auf der 3. und 4. Etage im Gartenhaus stattete er mit meterhohen Atelierfenstern für Künstler aus. Jede Wohnung versah er mit einem eigenen Grundriss und gestaltete sie individuell. Keine Wohnung ist wie die andere. In einem unserer Gespräche mit Nachbarn charakterisierte der Architekt und Stadtplaner Professor Rainer Ernst Gessners Konzept als »gestapelte Landhausvillen«. Die großen Wohnungen – im Vorderhaus jeweils eine links und eine rechts pro Etage –, sind mit ihren Salons zur Straße ausgerichtet, miteinander durch Doppelflügel- oder Doppelschiebetüren verbunden, und mit Parkett- und Dielenboden ausgestattet. Einige Wohnungen haben über den Flügeltüren Simse mit Dreiecksgiebeln. Die Decken sind als Kreuzgewölbe, preußische Kappendecken oder Balkendecken gestaltet. Alle Wohnungen haben Zentralheizung, einen Wintergarten und eine Mädchenkammer. Das Vorderhaus ist mit einem Fahrstuhl ausgestattet. Die Wohnungen haben zum Teil Loggien oder französische Austritte. Im Erdgeschoss hatten die Wohnungen einen direkten Zugang zum Garten.

Doch war das Wohnen zunächst auch mit Unannehmlichkeiten verbunden. Ringsherum war Neubaugebiet. Noch stand das Haus ziemlich alleine. Die an das Grundstück anschließenden Häuser in der Bleibtreustraße und der Niebuhrstraße waren noch Baustellen. Aus ihren Fenstern sahen die ersten Bewohner auf die Baugruben für die Nachbarhäuser Mommsenstraße 5 und 7. Über Jahre hinweg waren sie von Baulärm umgeben. Der Zauber, den der Architekt Albert Gessner dem Haus eingehaucht hatte, konnte sich noch nicht entfalten. Noch stand das Ensemble, das dem Haus den passenden Rahmen geben sollte, nicht.

Die Bewohner: Künstler, Kaufleute und ihr Personal

In der Mommsenstraße 6 wohnten bekannte Personen aus Kunst, Kultur, Wissenschaft, Wirtschaft und Politik. Sie waren Dirigent, Professor, Theaterdirektor, Künstler, Kaufmann, Fabrikant, Händler, Arzt, Apotheker, Architekt, Publizist, Rechtsanwalt. Die verwitweten Frauen waren Rentieren, die von regelmäßigen Zahlungen aus in Aktien oder Anleihen angelegtem Kapital oder der Vermietung von Immobilien lebten. Die wirtschaftliche Lage der Hausbewohner war gut, einige waren wohlhabend. Auch wenn wir ihre Berufe und gesellschaftliche Stellung nicht kennen würden, ließe sich ihr Status aus den Telefonanschlüssen ableiten, die alle Mieter schon im Kaiserreich hatten. Etwa die Hälfte der Bewohner stammte aus Schlesien, Posen, Ostpreußen und Pommern, etwa ein Drittel aus Schlesien.

Manche Mieter wohnten viele Jahre im Haus, andere nur kurze Zeit. Man kannte sich von alltäglichen Begegnungen auf den Wegen im und um das Haus, auch ohne sich näher zu kennen. Man gewöhnte sich aneinander, knüpfte lose Verbindungen, manchmal engere, ja, sogar Freundschaften.

Der lebendigste Teil des Hauses ist das großzügige Entrée. Hier begegneten sich die Bewohner, tauschten Neuigkeiten aus, Boten lieferten Waren an, die vom Dienstpersonal entgegengenommen wurden. Das Dienstpersonal und die Lieferanten gelangten durch versteckte Türen und schmale, schlichte Treppenhäuser durch gesonderte Eingänge in jede Wohnung. Im Personalzugang für den Seitenflügel und das Gartenhaus befanden sich auf halber Treppe zusätzlich Außentoiletten. Die Dienstbotenaufgänge führen in die Keller und auf den Dachboden.

Der Portier, der über das Haus und seine ersten Bewohner wachte, hieß Carl Tinzmann. Er achtete auf das Kommen und Gehen, erteilte Auskünfte und nahm die Aufgaben eines Hauswarts wahr. Durch eine Tür linkerhand im Entrée gelangte er in seine Wohnung, zwei ebenerdige Räume mit kleinen Fenstern zum Hof, von einem führte eine Treppe in ein Souterrain bis zur Straße. Trübes Licht fällt durch ein Milchglasfenster, eingelassen auf Straßenebene. Tinzmann blieb nur zwei Jahre. Im Umgang mit elektrischem Licht und Zentralheizung musste der Portier versiert sein. Michael Gordon, der als Junge von 1956 bis 1960 mit seinen Eltern, dem Arzt Leo Gordon und dessen Frau Irma, im Parterre links wohnte, erzählte uns: »Ich erinnere mich an den Hausmeister Herrn Rabenhorst. Der musste im Winter zweimal pro Nacht aufstehen zum Heizen. Er trug den Koks mit der Kiepe in den Keller. Die Zentralheizung musste mit Koks befeuert werden. Der Koks wurde auf der Straße vor dem Fenster unserer Wohnung aufgeschüttet.« Entsprechend der Außentemperatur feuerte er die Heizung im Oktober oder November an. Er wartete und putzte sie, er bestellte, lagerte, schleppte und schaufelte den Koks in einen Füllschacht des Heizkessels. Knochenarbeit.

Jeder Haushalt beschäftigte zumindest ein Dienstmädchen, das »Mädchen für Alles«, mittellose junge Mädchen und ledige Frauen, die aus der Provinz nach Berlin gekommen waren. Je nach Wohlstand und Haushaltsgröße wurde zusätzliches Personal eingestellt. Das Dienstmädchen kaufte ein, hielt die Wohnung sauber, bereitete Essen zu und servierte, empfing und bediente Gäste, wusch Wäsche und bügelte. Ihre Arbeit dauerte vom frühen Morgen bis in den späten Abend, ihr Verdienst bestand aus den Komponenten

Lohn, Verpflegung und Unterbringung. Über die Dienstmädchen ist nichts überliefert, meistens nicht einmal ihre Namen. Auf die wenigen, von denen wir etwas mehr wissen, kommen wir zurück. Die Dienstmädchen waren nicht nur »in Stellung« bei ihrer Herrschaft, sie wohnten auch bei ihr, in sogenannten Mädchenkammern, ein kleiner Raum neben der Küche. Das ermöglichte eine räumliche Trennung zwischen Herrschaft und Personal, die vielleicht gewollt war, aber auch zweckmäßig, lag sie doch direkt neben ihrem Arbeitsplatz. Die Mädchenkammern hatten Fenster zum Hof und waren einfach möbliert.

Nachdem das Haus mit seinen fünfzehn Mietwohnungen in etwas mehr als einem Jahr Bauzeit fertiggestellt war, zogen 1904 die ersten Mieter ein. Zu einem der beiden »Ziehtage«, dem 1. April und dem 1. Oktober, die Mietverträge wurden noch halbjährlich abgeschlossen, trafen Möbelwagen vor dem Haus ein, von Pferden gezogen. Packer trugen die Möbel und jede Art Hausrat in die drei vermieteten Wohnungen im Vorderhaus. Die übrigen Wohnungen im Vorderhaus und alle im Gartenhaus konnten noch nicht vermietet werden und standen auch 1905 leer. Erst dann füllte sich das Haus.

Emil Lessing: Aufstieg und Fall eines Theaterregisseurs

Am 22. September 1904 beziehen Emil Lessing und seine Frau Margarete im Vorderhaus als erste Mieter eine Wohnung im Hochparterre. Für die Sieben-Zimmer-Wohnung zahlt Lessing jährlich 3.600 Mark Miete. Ihren Haushalt betreuen zwei Dienstmädchen. Das meldete ein Informant der Theater-Polizei.

Nichts ist symmetrisch, fällt ihnen auf, als sie die Fassade des Hauses betrachten. Gessners Kunstgriff lockt das Auge und lässt es schweifen: Die unterschiedlichsten Fensterformen differenzieren die Stockwerke. Erker, ein falsches Mansardendach und ein einseitiger, hoher Giebel gliedern sie. Die Fassade ist mit einer rauen Putzfläche von warmer gelber Tönung versehen, deshalb und weil das Haus als erstes fertiggestellt wurde, wird es »*Gelbes Haus* I«, genannt. Verzierungen sind sparsam eingesetzt. Der Berliner Jugendstil zeigt sich von der sachlichen Seite. Toreingang, Fenstereinfassungen und Erker sind in hellem gelblichgrauen Cottaer Elbsandstein abgesetzt. Die Erkerdächer und Stützen sind mit grün patiniertem Kupferblech verkleidet. Das Dach ist mit roten Biberschwänzen gedeckt.

Erst auf den zweiten Blick fällt ihnen die von Schlossermeister Emil Nachtigall angedeutete Frauenfigur im schmiedeeisernen Eingangsportal auf. Das Portal ist rechts von einer Säule eingefasst, auf der ein steinerner Pelikan sitzt, links vom Relief eines Frauenaktes, eine stehende Frau ein Buch lesend, zu ihren Füßen ein Windhund. Daneben ist ein zweiter Torbogen, der den Blick auf einen Treppenaufgang freigibt. Links vom zweiten Torbogen thront auf einer Säule eine steinerne Vase mit einem Fratzengesicht. Später werden sie entdecken, dass Nachtigall im Portal des spiegelbildlich gebauten Hauses Niebuhrstraße 78 eine Männerfigur versteckt hat.

Emil und Margarete Lessing gehen am Treppenabsatz an einem zähnefletschenden Tier vorbei, dem Fußabstreifer. Sie steigen zehn Stufen hinauf und öffnen eine prächtige dunkelgrüne Tür. Unter einem ovalen Fenster prangt ein Widderschädel. Von dort führt eine gewendelte Treppe in das Vestibül, bekrönt von einem Kreuzgewölbe, in das schlichte, doch elegante Treppenhaus. Dort entzücken die zarten, in Gold handgemalten Blumengirlanden am grünen Treppengeländer. Die dunkelgrünen Eingangstüren zu den Wohnungen sind mit muschelförmigen Symbolen verziert. Wenn sie weiter hinaufsteigen, leuchten ihnen die bunten Glasfenster mit geometrischen Formen wie Kegel und Kugeln und allerlei Getier wie Tauben, Falken und Schmetterlinge entgegen.

Wenige Monate vor ihrem Einzug hatte das Ehepaar Lessing an einer kleinen Gesellschaft im Savoy-Hotel in der Friedrichstraße 103 in Berlin-Mitte teilgenommen. Sie fand statt am 13. Dezember 1903. Gemeinsam schrieben sie eine Postkarte: »An Herrn Gerhart Hauptmann, Agnetendorf, Haus Wiesenstein.« Es unterzeichneten Paul Jonas, Syndikus und Vorstandsmitglied der AEG, der Anwalt Hauptmanns, seine Frau Clara und sein Vetter Georg Hirschfeld, der zum »Friedrichshagener Dichterkreis« gehörte, Otto Brahm, Theaterkritiker und Chefredakteur, Leiter des Deutschen Theaters, zu dessen Hausdichter er Hauptmann gemacht hatte, Julius Elias, Schriftsteller, Literatur- und Kunsthistoriker, Mitherausgeber der deutschen Ibsen-Ausgabe, Samuel Fischer, einer der bedeutendsten Verleger in Deutschland, seine Frau Hedwig, Alfred von Berger, österreichischer Dramaturg, Schriftsteller und Direktor des »Schauspielhauses Hamburg«, Margarete Lessing – und Emil Lessing, Regisseur am Deutschen Theater.

Emil Lessing

Der Anlass für die Zusammenkunft ist nicht bekannt, doch das, was sie verband: der Naturalismus – eine relativ neue Strömung in Literatur und Theater, die auf exakter Gesellschafts- und Naturbeobachtung und Darstellung aktueller Zeitprobleme abzielte, vor allem die Lebenswelten der unteren Klassen. Einige der Teilnehmer dieses Treffens hatten am 5. April 1889 zu den Gründungsmitgliedern des literarischen Vereins Freie Bühne, gehört, der die naturalistische Theaterbewegung in Deutschland einleitete. Im November hatte der Verein bereits 900 Mitglieder, vier Fünftel davon jüdische Bürger. »Alle Freiheit und feinere Kultur, wenigstens hier in Berlin, wird vorwiegend durch die reiche Judenschaft vermittelt«, hat Theodor Fontane damals geschrieben.

Nach Ausbildung als Dramaturg war Lessing als Schauspieler, dann auch als Regisseur an verschiedenen Stadttheatern engagiert. In der von Bruno Wille 1890 für die »vernachlässigten, bildungshungrigen Arbeitermassen« gegründeten Freien Volksbühne, führte er von Oktober 1892 bis April 1895 Regie und gehörte 1894/95 deren künstlerischem Ausschuss an. In geschlossenen Veranstaltungen – um die indirekte Zensur zu umgehen – wurden vor allem naturalistische Dramen aufgeführt, im Lessingtheater, mit Ibsens *Stützen der Gesellschaft*, das erste Stück der Freien Bühne. 1893 kam es zur privaten Uraufführung von Hauptmanns *Die Weber*, nur für die Mitglieder. Die erste öffentliche Aufführung fand im Jahr darauf im Deutschen Theater statt.

Am Deutschen Theater wurde Lessing 1895 Zweiter Regisseur bei Otto Brahm, einem der einflussreichsten Theaterreformer, der das Haus seit 1894 leitete. Lessing führte 1896 Regie bei Hauptmanns *Florian Geyer* und Arthur Schnitzlers *Freiwild*, 1901 bei der Uraufführung von Hauptmanns *Roter Hahn*. Zu seinem Ensemble gehörte auch ein junger, unbekannter, von Geldsorgen geplagter Schauspieler, Max Reinhardt. Als Brahm 1904 die Intendanz des Lessingtheaters von Otto Neumann-Hofer übernimmt, der zwei Jahre später in die Mommsenstraße 6 ziehen wird, war Lessing mit von der Partie, diesmal als Oberregisseur. Er führte Regie bei zwei Uraufführungen von Hauptmann: 1906 *Und Pippa tanzt*, 1911 *Die Ratten*, in Anwesenheit Hauptmanns.

Lessing stand unter Beobachtung der Theater-Polizei. Am 5. Januar 1914 verfasste der Informant Paul Lange einen Bericht: »In politischer Hinsicht ist auch Lessing Demokrat, er sympathisiert sehr mit den Genossen und steht mit Anarchisten und Sozialdemokraten in enger Fühlung. Aus der ev. Landeskirche sind beide Eheleute am 27. November 1905 ausgetreten. In finanzieller Beziehung steht er in einem guten Ruf.«

Den Zenit seines Schaffens erreicht Emil Lessing als künstlerischer Direktor des Theatervereins und erster Intendant der neu eröffneten Volksbühne am Bülowplatz. Sein »eifrigster Fürsprecher« sei Bruno Wille gewesen, berichtete der *Berliner Börsen-Courier* am 17. Oktober 1913, der »seinem Kandidaten die übrigen Stimmen hinzugewonnen hat«. Doch der Höhepunkt seiner beruflichen Laufbahn barg das Scheitern in sich. Als Lessings von einer achtwöchigen Reise aus Süditalien nach Berlin zurückkehrten, erfährt er, dass Hauptmann am 11. März 1914 einen Vertrag mit Reinhardt unterschrieben hat. Konsterniert schreibt er Hauptmann und bittet, *Die Weber*, an seiner Volksbühne spielen zu dürfen. Er solle sich direkt an Reinhardt wenden, rät ihm Hauptmann. Am 23. Juni teilt Lessing Hauptmann mit, dass er keine Antwort bekommen habe. Möglicherweise war »hinter den Kulissen« die Entscheidung über die Zukunft des Theaters, und damit auch die seine, schon gefallen. Zu allem Überfluss versagte bei der feierlichen Eröffnung der Volksbühne, am 30. Dezember 1914, auch noch die Bühnentechnik. Es steht ein Festvortrag des Dramaturgen Julius Bab und, unter Lessings Regie, Goethes *Götz von Berlichingen* auf dem Programm. Jetzt muss umdisponiert werden. Es war die Technik, die die Premiere zum Reinfall werden ließ, doch es heißt danach, Lessing entspreche den Anforderungen an die künstlerische Leitung des Hauses nicht.

Im Grunde ging es um den Wettstreit zweier Theaterkonzepte, repräsentiert durch Otto Brahm respektive Emil Lessing einerseits und Max Reinhardt andererseits. Brahm hatte mit seinem Regisseur Lessing einen Theaterstil durchgesetzt, der eine neue, schlichte Dramatik schuf, die auf die unmittelbare Abbildung gesellschaftlicher Verhältnisse abzielte. Reinhardt hatte bei Brahm den modernen Inszenierungsstil kennengelernt, doch er setzte auf das sinnenbetörende, bunte, klingende Theater, das aus dem Alltag entführen sollte.

»Der Abstieg begann mit Reinhardt. Das Große, Stachlig-Herbe weicht heute zurück. Die Mehlspeis beginnt«, schrieb der Theaterkritiker Alfred Kerr am 1. Juni 1913. Sein ewiger Kontrahent Siegfried Jacobsohn dagegen beklagte, »dass man vergessen hat, dem herrlichen Haus einen artistischen Leiter zu geben«. Lessing habe nicht einmal »das gröbste Gefühl für Bühnenwirksamkeit [...] Mit anderen Worten: Herr Lessing muss weg«. Kerr hingegen, der schon seit Reinhardts Übernahme des Deutschen Theaters, auf kritische Distanz gegangen war, nannte ihn »Reklamowicz Klimbinski« und wetterte im April 1915 in der letzten Nummer des *Pan* gegen die Übernahme der Volksbühne durch Reinhardt. Doch Jacobsohns Wunsch ging in Erfüllung: Am 1. September 1915 übernahm der umtriebige und omnipräsente Reinhardt, der in Berlin ein Theater-Imperium aufbaute, für drei Spielzeiten die Volksbühne.

Und wie erging es Lessing? Ihn hatte man fallengelassen. Er verließ nicht nur die Volksbühne, wo er seine größten Erfolge hatte feiern können, sondern auch die Mommsenstraße 6. Emil Lessing, Direktor a.D., Odenwaldstraße 22, Friedenau, weist das Adressbuch jetzt aus. Noch einmal nimmt Lessing einen Anlauf und erhält für die Spielzeit 1918/19 die Konzession für das Trianon-Theater. Danach zieht er sich aus gesundheitlichen Gründen aus der Theaterwelt zurück. Er stirbt am 1. November 1921.

Alfred Schmidtgen-Schmieden: Bühnenautor und Theaterdirektor

Das Ehepaar Alfred und Meta Schmidtgen-Schmieden schlendert durch das mit sechseckigen roten Terrakottakacheln geflieste Entrée, das zum Gartenhof führt. Sie sehen das ovale Rasenstück mit der angedeuteten Grottenwand und dem Brunnen mit einer Kopie der Venus von Milo. *Wie schön!* Die Front des Gartenhauses ist mit Steinen aus dem Elbsandsteingebirge verkleidet. Fabelwesen mit fratzenartigen Köpfen, Walrösser mit langen Eckzähnen und schwimmende Ottern fassen sie ein. Von einer Muschel im gesprengten Dreiecksgiebel darüber tropft es die Grottenwand links und rechts hinab. Sie sehen in Stein gehauenes Wasser, das fließt und schäumt und auf sie zuzurollen scheint.

Brunnen im Garten des »Mommsenschlösschens«

Der Weg zum Treppenhaus führt sie vorbei an kleinen Rasenflächen, gesäumt von weißlackierten Holzzäunen, der reinen Dekoration dienend, ebenso wie die hölzernen Kübel, die auf Sockeln stehen. Sie sind mit roten und weißen geometrischen Mustern bemalt und mit Kugeln und Kegeln aus Buchsbaum bepflanzt. An Holzspalieren, die bis zur Oberkante der Fenster in der 1. Etage reichen, ranken wilder Wein, Efeu und blaue Glyzinien.

Gessner gab dem Brunnen ein fein abgestimmtes, angenehm zu hörendes Plätschern. Er schuf eine bukolische Idylle mitten in der Stadt. Rechts neben dem Brunnen nimmt das Ehepaar den Aufgang zu den oberen Etagen und passiert über die gewendelte Treppe die zwei halbrunden Arkaden, die den Blick auf den Gartenhof freigeben. In den bunten Fenstern des Treppenhauses sehen sie Fische, Igel, Schwäne und Schnecken. Sie betreten ihre außergewöhnliche Sieben-Zimmer Wohnung auf der 1. Etage. Nur sie verfügt über eine geräumige Loggia zum Gartenhof und eine gemütliche Empore, zu der im Vorzimmer der Loggia eine kleine Treppe führt.

Alfred Schmidtgen legte sich während seiner Zeit als Schauspieler den Bühnennamen Schmieden zu. Vorher hatte er eine Offizierslaufbahn eingeschlagen, wie viele junge Männer seiner Generation. Theater und Militär, das waren die großen Themen, die ihn fortan beschäftigten. Als Schauspieler, Dramaturg und Regisseur wirkte er in Innsbruck, Bonn, St. Petersburg, London, Bremen und Konstanz. 1904 wird er Oberregisseur am neu gegründeten Berliner Lustspielhaus in der Friedrichstraße. Nebenbei schreibt er eine Dissertation *Die bühnengerechten Einrichtungen der Schiller'schen Dramen für das königliche National-Theater zu Berlin*. Am 8. August 1906 wird ihr Sohn geboren, der, so will es der Vater, den Rufnamen Waldemar erhält. Der Name stößt nicht auf ungeteilte Zustimmung. Fünf Monate später beantragt er die Änderung des Vornamens: Aus Waldemar wird Wilhelm. Am 30. Mai 1910 kommt ihr zweiter Sohn Anno zur Welt.

Alfred Schmieden

Schmieden ist ambitioniert und will Nachfolger Max Reinhardts am Neuen Theater werden, dem heutigen Berliner Ensemble.

Dass die Konzession 300.000 Mark kostet, schreckt ihn nicht ab. Seine Schwiegermutter Anna Meyer stellt mit drei weiteren Personen das Kapital zur Verfügung. Beim Königlichen Polizei-Präsidium beantragt Schmieden Mitte 1905 die Konzession, am Jahresende schließt er mit Reinhardt den Pachtvertrag für die Zeit vom 1. Juli 1906 bis 31. August 1913, der das Neue Theater, nebst Restauration beinhaltet. Er erfreut sich der besonderen Aufmerksamkeit des Kronprinzen, der ihm 1910 den »Königlichen Kronen-Orden IV. Klasse« verleiht.

Wie andere Bewohner des Hauses gehört er zu den Stammgästen im Café des Westens. In dem Jahr, in dem die ersten Mieter in die Mommsenstraße 6 ziehen, hatte Ernst Pauly ein Kaffeehaus übernommen, das schon zur Institution geworden war. »Es war als wenn die Marmortische mit süßem Leim bestrichen wären«, schrieb der Maler und Illustrator Edmund Edel in einem seiner Beiträge, die er für die Jubiläumsschrift verfasste, die Pauly 1913 für seine Gäste herausgab. Mancher Gast war damals bekannt und ist es heute nicht mehr, mancher ist heute bekannt und war es damals noch nicht.

Begleiten wir Schmieden in das Café des Westens. Beim Betreten des Caféhauses fällt sein Blick auf das lange rote Sofa an der Ecke am Eingang, wo sich die treffen, die sich als Bohème verstehen, darunter Erich Mühsam, Felix Hollaender, Frank Wedekind, die Brüder Julius und Heinrich Hart, Edmund Edel, Roda-Roda und Else Lasker-Schüler. Schnell bildeten sich Stammtische. Schmieden pflegte bei den Theaterleuten zu sitzen. Was in Berlin zur Musik gehörte, versammelte sich in der ersten Etage in Rothmühls Loge, der sogenannten »Rothen Mühle«, so auch sein Nachbar Otto Neumann-Hofer, seit 1912 Direktor des Großen Opernvereins und des Charlottenburger Opernhauses.

Weitere Hausbewohner wie Oscar Bie und Fritz Wolff gehörten zu den Gästen des Cafés. Längst hatte auch das Bürgertum das CdW für sich entdeckt. »Geisteshelden, arrivierte und kommende, Künstler, Musiker, Bürger und ihre schönen Frauen, Schauspieler und Geheimräte, Logenbrüder in Frack und Zylinder, Offiziere in Uniform, Bummler mit Kotillonorden und Nachtschwärmer (mit dem letzten Glas Bier zum Abgewöhnen) erschienen«, ist Edels Beitrag in Paulys Jubiläumsschrift zu entnehmen. Solche Besucher waren es, die dafür sorgten, dass Volkes Mund aus dem Kaffeehaus das Café Größenwahn machte. Die besondere Atmosphäre hielt der Stammgast Erich Mühsam fest: »Große Mode war der Ästhetizismus, die Müdigkeit, der Absinth, das Morphium, die Blasiertheit und in Liebesdingen jedwede Anomalie.« So steht es in seiner *Berliner Nachlese* in: *Gegen das Vergessen – Ausgewählte Werke und Schriften.* Bereits zu dieser Zeit konnte man der Dekadenz frönen, für die das Nachtleben des Berliner Westens eine Dekade später berühmt werden sollte.

Zwei Jahre vor dem vertraglichen Ende der Pacht legt Schmieden im September 1911 die Direktion des Neuen Theaters nieder. Sein wirtschaftliches Konzept, vielleicht auch das künstlerische, ging nicht auf. Vom Café des Westens hält er sich jetzt fern. »Bei wie vielen aber hat sich das Blättchen gewendet: Sie sind aus der Leute Mund, von der Bildfläche, vom Kaffeetisch verschwunden. Der kühne Recke Alfred Schmieden, monokelbewehrt und heldenhaft, der neben seiner Direktionstätigkeit Muße fand, den Dr. phil. zu machen, hat jetzt Zeit, sich wahlweise auf die Professur oder Intendanz vorzubereiten«, schreibt 1913 ein namentlich nicht genannter Stammgast in Edels Kaffeehaus-Chronik. Tatsächlich ernannte Großherzog Friedrich Franz IV. von Mecklenburg-Schwerin Schmieden mit Wirkung vom 1. Januar 1914 zum Intendanten des Großherzoglichen Hoftheaters und der Hofkapelle in Schwerin.

Langweilig war ihm auch vorher nicht. 1910 schreibt er das Bühnenstück *Das Alter*, 1911 das Lustspiel *Mein erlauchter Ahnherr* und 1913 das Soldatenlustspiel *Feldgrau.* Nebenbei macht er 1913 eine Reserveübung bei dem in Rostock stehenden Regiment, nach der er zum Hauptmann d.R. befördert wird. Persönlich verleiht ihm der Großherzog das »Ritterkreuz mit der Krone des Großherzoglich Mecklenburgischen Greifenordens«. Um ihn tragen zu dürfen, bedurfte es eines königlichen Erlasses, der »die Anlegung [...] in Gnaden zu gestatten geruhte«.

Nach Emil Lessing und Alfred Schmidtgen-Schmieden zieht 1906 mit Otto Neumann-Hofer ein weiterer Theater-Direktor ein. Ob es Zufall war, dass sie alle drei in der Mommsenstraße 6 wohnten? Sie kannten sich, doch wissen wir nicht, wie sie zueinanderstanden, ob sie sich als Konkurrenten empfanden, zu denen man Distanz hielt, oder ob sie sich zu fachlichem Gedankenaustausch trafen, vielleicht sogar befreundet waren.

Die Brüder Otto und Adolf Neumann-Hofer

Einige Jahre bewohnen Gilbert *Otto* Neumann-Hofer und sein jüngerer Bruder Adolf Neumann-Hofer eine Wohnung im Erdgeschoss des Vorderhauses, Otto ständig, Adolf nur wenn Sitzungswochen des Reichstages anstehen, dem er seit 1907 angehört. Die Brüder wurden im ostpreußischen Lappienen geboren. Ihr Vater war Gutsbesitzer, später Kaufmann in Tilsit. Nach dem Abitur hatte Otto in Königsberg und Berlin Neue Philologie und Philosophie studiert.

Von 1879 bis 1882 wohnte Adolf bei ihm in Berlin und besuchte das Dorotheenstädtische Realgymnasium. 1890 heiratete er Jenny Nauon und lebte mit ihr in Berlin, zunächst wie sein Bruder Otto als Schriftsteller. Nach dem Erwerb der Meyerschen Hofbuchdruckerei und des Verlages der *Lippischen Landeszeitung* in Detmold verlegte er seinen Lebensmittelpunkt dorthin. 1901 gründete er die Lippische Liberale Volkspartei, (ab 1910 Lippische Fortschrittliche Volkspartei) und zog im gleichen Jahr in den Lippischen Landtag ein.

Otto heiratete 1891 die Schriftstellerin, Übersetzerin und Konzertpianistin Annie Bock, mit der er die Tochter Stella bekam. 1905 wird die Ehe geschieden. Im Jahr darauf heiratet er Maria Amalie Herta Eisenhut. Sie ziehen in die Mommsenstraße 6. Der Bühnenautor Ludwig Fulda ist ihr Trauzeuge.

Maria Eisenhut, eine erfolgreiche Bühnenschauspielerin, war um die Jahrhundertwende Mitglied der Irving Place Theatre Company in New York. Im Sanders Theatre, in Cambridge, Massachusetts, führte das Ensemble im Januar 1901 Lessings *Minna von Barnhelm,* auf. Maria Eisenhut spielte eine der Hauptrollen, Franziska, Minna von Barnhelms Magd. Die Zeitung *The Harvard Crimson* beurteilte die Aufführung als »Excellently Presented and Well Received«, und hob hervor: »The women of the cast were better than the men.«.

Nach ihrer Rückkehr spielte sie unter anderem am Großherzoglichen Hoftheater zu Karlsruhe.

Als hätten die Brüder sich abgesprochen, heiratet auch Adolf 1906 erneut und zwar Anna Netty Jaretzki, die zu ihm nach Detmold zieht. Tagen Reichstag oder Ausschüsse, reist Adolf nach Berlin. Als das Dienstmädchen die Tür öffnet, ist sie überrascht über den Mann, der da vor ihr steht, denn die Brüder unterscheiden sich sehr. Eine imposante Erscheinung: Das Gesicht dominieren dunkle Augen und ein schwarzer Sudermannbart, vom Kinn bis auf die Brust fallend, von der Oberlippe zirka zehn Zentimeter spitz zur Seite gedreht. Nimmt er den großen, breitrandigen, schwarzen Hut ab, der das Dunkle seiner Erscheinung betont, sieht man, dass ein Mittelscheitel das glatt zur Seite gekämmte Haupthaar teilt.

Über Ottos Persönlichkeit erfahren wir aus anderer Quelle: »Klein, beweglich, äußerst liebenswürdig und entgegenkommend, – das ist das Signalement für einen unserer besten Kritiker, für Otto Neumann-Hofer«, notierte Dora Duncker, Tochter des Verlegers Alexander Duncker, in ihrem 1894 bei G. Pohlmann, Berlin erschienenen Buch *Meine Herren Collegen. Momentaufnahmen von einer jungen Schriftstellerin*. Viele Schriftsteller und Journalisten kamen bei ihr nicht gut weg, anders als Otto Neumann-Hofer, dem sie zwar eine »niedliche Portion Eitelkeit« bescheinigte, »doch mit so viel Bonhommie und Humor, dass man sie gern mit in Kauf nimmt«.

Otto Neumann-Hofer

Beide Brüder stehen gern im Mittelpunkt, doch damit endet das Gemeinsame. Denn während Otto der Status genügt, den er beruflich und in diversen Gesellschaften erreicht hat, ist Adolf ein Machtmensch, der auf geschickte Art und Weise seine verlegerischen und politischen Aktivitäten verknüpft und daraus Honig saugt für seine finanziellen Interessen. Ein wohlhabender Mann, an vielen Unternehmen beteiligt, in etwa 40 Aufsichtsräten sitzend, in einigen als

Vorsitzender. Kritiker werfen ihm vor, er habe sich dabei auch illegaler Mittel bedient.

Otto Neumann-Hofer war zur rechten Zeit nach Berlin gekommen. Neue Verlage waren entstanden: Mosse, Ullstein und S. Fischer, neue Zeitschriften in rascher Folge. Otto reüssierte schnell, zunächst als Redakteur, dann auch Herausgeber der Wochenschrift *Der Reichsfreund*. Als Theaterkritiker ging er 1883 (bis 1888) zum *Deutschen Montagsblatt*, 1890 (bis 1896) zum *Berliner Tageblatt*, Blätter freisinniger Richtung aus dem Verlag Mosse.

Ab 1890 war er verantwortlicher Redakteur des *Magazins für Litteratur*, zusammen mit Fritz Mauthner 1891 Herausgeber der angesehenen Wochenschrift. Als Mauthner 1893 ausschied, kam der 25 Jahre alte Alfred Kerr als Kritiker an seiner Stelle. Otto schätzte Kerr, doch als der sich mit dem berühmten Hermann Sudermann anlegte, war das der Anlass, sich Ende 1895 von Kerr zu trennen. Zu seinem ostpreußischen Landsmann Sudermann hatte Otto eine enge Bindung. Während ihrer Studienjahre hatten sie in Berlin zusammengewohnt. Sudermann war auch später stets an seiner Seite, als Otto Gründer und Mitglied zahlreicher Künstler-Stammtische und literarischer Vereine war. Im *Bilderbuch meiner Jugend*, erschienen 1922, wird Sudermann über das Bündnis schreiben: »Es währt nun schon mein Leben lang, und was Otto Neumann-Hofer darin war und ist, das wissen alle, die ihn kennen.«

An Donnerstagabenden suchte Otto Neumann-Hofer das Grandhotel Kaiserhof am Wilhelmplatz auf. Dort tagten die Mitglieder der 1888 gegründeten Literarischen Gesellschaft zu Berlin, die er mitgegründet hatte und deren Vorstand er angehörte. Unter den Mitgliedern waren Hermann Sudermann, Hermann Bahr, Theodor Fontane und Max Liebermann. Von einer Sitzung der Literarischen Gesellschaft am 28. März 1889 ist Fontanes Aussage überliefert: »Ja, ich habe mich einfangen lassen, tauche jeden Donnerstagabend im Kaiserhof auf und finde es über Erwarten nett. Wenn's nur vorhält!«

Otto Neumann Hofer war umtriebig. Als es darum ging, junge Talente zu fördern, gehörte er 1896 zu den Mitbegründern und dem Vorstand der Dramatischen Gesellschaft zu Berlin. Und natürlich wieder Hermann Sudermann. Als 1900 der Berliner Goethebund entstand, aus einer Protestbewegung gegen Zensurverschärfungen, die die Freiheit der Kunst einzuengen versuchten, gehörte Otto Neumann-Hofer dem geschäftsführenden Ausschuss an. Vorsitzender wurde Hermann Sudermann (ab 1908 Ludwig Fulda), Kassenführer Samuel Fischer, Ehrenpräsident Theodor Mommsen.

1898 hatte sich Otto Neumann-Hofer einer neuen Aufgabe zugewandt. Er wurde Direktor des Lessing-Theaters, das er bis 1904 leitete. Dann trat Otto Brahm an seine Stelle, der als Oberregisseur Emil Lessing, Neumann-Hofers Nachbarn, mitbrachte. 1912 gaben die Brüder die Wohnung in der Mommsenstraße 6 auf. Im gleichen Jahr gründet Otto das Deutsche Opernhaus Charlottenburg, dass er bis 1919 leitet.

Oscar Bie: »... ob er anbeißt?«

»Ich bin neugierig, ob er anbeißt, möchte es aber bezweifeln«, schrieb Thomas Mann am 21. Juli 1912 an einen Freund, nachdem er am gleichen Tag seine Novelle *Der Tod in Venedig* an Oscar Bie, den leitenden Redakteur der *Neuen Rundschau,* geschickt hatte. Manns Zweifel war unbegründet. Bie biss an. In zwei Ausgaben erschien die Novelle im Oktober und November 1912 in der *Neuen Rundschau*, eine Art Probelauf, im Februar 1913 in Manns Stammverlag S. Fischer.

Als Mann das schrieb, war Bie die »Autorität« im Literaturbetrieb, sein Wort hatte Gewicht. Unter seiner Ägide war die *Neue Rundschau*, deren leitender Redakteur er seit 1894 war, zu einem der wichtigsten Foren für moderne Literatur und Essayistik geworden. Otto Brahm und Samuel Fischer hatten die Zeitschrift 1890 als Organ der naturalistischen Dichtung gegründet und ihr den Namen *Freie Bühne für modernes Leben* gegeben. Bie hatte sie umbenannt, zuletzt in *Neue Rundschau.*

In Breslau, Leipzig und Berlin hatte Bie Kunstgeschichte, Philosophie und Musikgeschichte studiert, 1886 seinen Doktorgrad erlangt. 1890 wurde er Privatdozent für Kunstgeschichte an der Technischen Hochschule in Charlottenburg, 1901 Professor. Der Austrittskartei der Jüdischen Gemeinde, die heute im Archiv der Stiftung Neue Synagoge Berlin-Centrum Judaicum aufbewahrt wird, ist zu entnehmen, dass er am 30. Dezember 1895 aus der Jüdischen Gemeinde zu Berlin ausgetreten war.

Bie entfaltete eine prägende Tätigkeit als Opern-, Musik- und Kunstkritiker für zahlreiche Zeitungen und Zeitschriften, darunter der *Berliner Börsen-Courier* und die *Weltbühne*. Er ist Verfasser zahlreicher Bücher, darunter *Die Moderne Zeichenkunst* (1905), *Der Tanz als Kunstwerk* (1906), *Reise um die Kunst* (1910) und *Die Oper* (1913). »Es gibt keinen außer ihm, es gab Keinen seit E. T. A. Hoffmann«, feierte ihn sein Freund, der Literaturwissenschaftler und Journalist Arthur Eloesser, »der das fast Unmögliche fertigbrachte, musikalische Eindrücke in sprachliche Ausdrücke umzusetzen«.

Er spielte Klavier, »sinnlich, aufregend, elektrisch bis zur Grenze des Anständigen. Ein Don Juan des Klaviers, ein produktiver Genussmensch«, notierte Eloesser und kam dann auf das Harmonium zu sprechen, das Bie ebenfalls virtuos beherrschte:

»Eines Tages war so ein Ding gekauft, die liebenswürdige, immer so selbstverständlich sorgende Hausfrau versah uns mit Schnäpsen – es war, glaube ich, die Ära Knickebein – und Oscar setzte sich ans Harmonium, ... Don Juan auch des Harmoniums. ... Er erfand, man denke: auf der Hausorgel einen Walzer, den wir den Walzer an sich oder den Sündenwalzer nannten. Da wurde uns immer ganz anders oder mindestens etwas schwummerig: wenn es eine Musica proibita geben kann, so wäre es dieser Walzer gewesen, den man nicht tanzen konnte, den man sich mit Likör und Zigarette als feines Erotikon einflößen musste. Die Frauen fanden das wohl auch. Eine, die eine Künstlerin und darum noch ein Kind war, sagte einmal: ›Was muss der Oscar sehen, wenn er so spielt! Hoffentlich hat er es ihr nicht gesagt.‹«

Wer waren Oscar und Margarete Bie, genannt Grete, die 1910 die 1. Etage im Gartenhaus beziehen? Bekannt sind nur drei Fotos von Bie. Als »außergewöhnlich feinen Geist«, aber wenig vital, hat ihn Felicitas von Reznicek, Tochter des Komponisten Nikolaus von Reznicek, ein Freund Bies, in ihrem Buch *Gegen den Strom* charakterisiert. »Es war immer ein Vergnügen, Oscar Bie zuzuhören. Was er sagte, hatte Hand und Fuß.«

Von Grete Bie ist kein Foto überliefert, doch erfahren wir Anekdotisches über sie von Harry Graf Kessler, nachzulesen in Band 4 seiner *Tagebücher.* Die erste Episode trägt sich am 4. März 1908 in den Kammerspielen zu, die Graf Kessler mit seinem Freund Hugo von Hofmannsthal besucht. Im Foyer irrt Bie herum und geht an beiden vorbei, ohne sie zu erkennen, worauf Hofmannsthal bemerkt: »Ach, dem Armen, dem muss man Nichts übelnehmen, Der hat in letzter Zeit so viel Unglück gehabt: der Liebhaber seiner Frau ist verloren gegangen!« Wie auch immer die Beziehung der Eheleute gewesen sein mag, die Ehe hält lange an. Knapp drei Jahre danach, am 29. Januar 1911, einem Sonntag, Kessler ist zu einem Diner bei Bies eingeladen, schreibt er in sein Tagebuch »Unglaubliche ›Vulgarity‹, der Frau Bie. Nikisch.« Immerhin erfahren wir, der Chefdirigent der Berliner Philharmoniker war auch dabei.

Oscar Bie

Die Diner-Gesellschaften bei Oscar und Grete Bie müssen legendär gewesen sein. Schon zwei Wochen später, am 15. Februar 1911, an einem Mittwoch, hat das Ehepaar erneut Gäste geladen. Als es an der Haustür klingelt, drückt das Dienstmädchen auf den Knopf, der das Eingangstor öffnet und wartet an der Wohnungstür. »Guten Abend Herr Graf«, begrüßt sie ihn. Es ist der Publizist und Diplomat, Kunstsammler und Mäzen Harry Graf Kessler, den sie nun in den Salon bittet. Kaum hat man ein paar Worte gewechselt, schellt es schon wieder. Die nächsten Gäste treffen ein; der Generalmusikdirektor der Königlichen Oper Carl Muck mit seiner Frau Anita und der Komponist Engelbert Humperdinck mit seiner Frau Hedwig. Dann, nach erneutem Klingeln, betritt der letzte Gast die Wohnung. Es ist der Komponist, Dirigent und Leiter der Bayreuther Festspiele Siegfried Wagner.

Hätten Bies einige Monate später zu dieser Diner-Gesellschaft eingeladen, hätte in diese Runde das Ehepaar Blech gepasst, das zwischenzeitlich in die Wohnung über ihnen eingezogen war.

Leo Blech: Königlich-Preußischer Generalmusikdirektor

Nach sieben Jahren am Deutschen Landestheater in Prag war Leo Blech einem Ruf an die Königliche Oper, und Hofoper, in Berlin gefolgt. Ab September 1906 wirkte er als Kapellmeister und beeindruckte den Preußischen König und deutschen Kaiser Wilhelm II, der ihm 1908 den »Roten Adlerorden«, verleiht.

Arbeiten in Berlin, Wohnen in Charlottenburg, hatten Leo und Martha Blech entschieden, als sie mit ihrem Sohn Wolfgang 1911 in die Mommsenstraße 6 ziehen, in die 2. Etage des Gartenhauses. Ihren 1900 in Prag geborenen Sohn Wolfgang schulen sie in die Kaiser-Friedrich-Schule (KFS) in der Knesebeckstraße 24/25 ein. Ein Foto zeigt ihn Arm in Arm mit seinem Klassenkameraden Hans Lauterbach aus dem Vorderhaus. Unter das Foto hat Leo Blech geschrieben: »Dein Bruder (Mai 13) und sein Freund Hans Lauterbach in unserem Gärtchen.«

Leo Blech nach dem Einzug

Nach dem Einzug lässt sich Blech in der neuen Wohnung fotografieren.

Am 28. April 1913 kommt Louise Clara Marie Blech, genannt Lisel,

Martha Blech mit ihren Kindern Wolfgang und Louise

zur Welt. Für jedes seiner Kinder hat Leo Blech nach ihrer Geburt eigenhändig liebevolle Erinnerungsalben von deren Kindheit bis weit in ihr Erwachsenenalter zusammengestellt. Während Wolfgangs verschollen ist, befindet sich Lisels im Besitz ihrer Tochter Irene Frykholm.

Hierin finden sich unter der Überschrift »Aus unserer neuen Wohnung« neun Fotos, die ihre Wohnung im Jahr 1913 zeigen. Blechs haben sich repräsentativ eingerichtet: Biedermeiermöbel, Orientteppiche, Ölgemälde, Porzellan und Kristall. Seine Arbeitsräume sind behaglich, zugleich zweckmäßig. Ein Bücherregal, prall gefüllt, darauf eine Frauenbüste. Ein runder Tisch, eingerahmt von zwei Sesseln, zur Entspannung. Sitzt er an seinem Schreibtisch, hat er den Flügel im Rücken, nur eine Drehung entfernt, um die Tastatur anzuschlagen. Spielen, Schreiben, Schlafen in einem Dreieck vereint. Denn dem Flügel direkt gegenüber steht seine Chaiselongue. Wiederholt fotografiert Blech die Wohnung, manchmal mit Familie, manchmal hält er einfach die Räume im Bild fest. »Ich glaube nicht nur, dass die Gestaltung der Wohnung die Schaffenskraft beeinflusst, sondern dass vorher die ›Schaffenskraft‹ sich die Wohnung gestaltet. Eines ist ohne das andere unmöglich – ohne entsprechende Umgebung keine ungehinderte Schaffenskraft«, kommentiert er in einem Beitrag für eine Zeitschrift.

Martha Frank lernte Leo Blech kennen, als sie ab 1894 für zwei Spielzeiten am Theater Aachen engagiert war. 1899 heirateten sie. Noch im gleichen Jahr forderte Angelo Neumann, Intendant des Deutschen Landestheaters in Prag, ihn auf, an seinem Hause eine Probe seines Könnens zu zeigen. Als Blech dann Richard Wagners *Tristan und Isolde* dirigierte, war Gustav Mahler zugegen und sagte, so ist es überliefert, zu Neumann: »Wenn Sie ihn nicht nehmen, dann hole ich ihn nach Wien«. Blech wurde in Prag Erster Kapellmeister. Auf Richard Strauss' Empfehlung folgte er sieben Jahre später einem Ruf an die Königliche Oper, die Hofoper, Unter den Linden.

Klein gewachsen ist Blech. Unüberhörbar sein Öscher »Singsang«, die Sprachmelodie seiner Heimatstadt Aachen, den er nie ablegte. »Ein witziger Kopf, ein Freund und virtuoser Jongleur des Wortspiels, ein echter Humorist«, so Kurt Westphal 1958 in seinem Nachruf. Als ihn die Porzellansammlerin Hermine Feist anherrscht: »Alles was Sie sagen, ist Blech«, reagiert er schlagfertig: »Gnädige Frau, so unhöflich wie Sie bin ich nicht.« Dass er zu feiern versteht, belegt ein Foto, veröffentlicht 1910 im St. Petersburger Magazin *Theater und Kunst*. Zehn Herren gruppierten sich bei einem »lustigen Abend«, in der Mitte Blech, aus vollem Halse singend. Aufgenommen anlässlich einer Gesellschaft, zu der der Dirigent und Kontrabassist Sergej Kussewitzky in seine Villa in der Drakestraße 1 am Tiergarten eingeladen hatte.

Wenn Blech am Flügel saß und musizierte, wenn Klaviermusik über dem Gartenhof schwebte, im Sommer bei geöffneten Fenstern, hatte das etwas Bezauberndes, die Hausbewohner Beglückendes. Manchmal wird ihn seine Frau Martha, die Sopranistin, mit ihrem Gesang begleitet haben. Und er war nicht der Einzige, der musizierte, auch Oscar Bie und Selma Wechsler spielten an ihrem Flügel. Das Haus war voller Musik. Mit dem Beginn der Schellack-Ära konnten die Nachbarn ihn auch auf dem Grammophon hören:

Blech leitete die ersten Schallplatten-Aufnahmen überhaupt, die mit der Berliner Hofkapelle aufgenommen wurden. Zu den allerersten Einspielungen unter seiner Regie gehört 1916 Mozarts Figaro-Ouvertüre.

Leo Blech und Oscar Bie fanden ihre Gemeinsamkeiten bald heraus. Beide waren Fabrikantensöhne, beide verband die Liebe zur Musik, speziell zur Oper, beide hatten der Jüdischen Gemeinde den Rücken gekehrt. Aus der Nachbarschaft erwuchs eine enge Freundschaft. Zum kleinen Kreis von Gästen, die das Ehepaar Blech zur Taufe ihrer Tochter Lisel am 1. Juni 1913 zu sich einlädt, gehörten auch Grete und Oscar Bie. Der Dritte im Bunde war Emil Nikolaus von Reznicek (E.N.), der in der Knesebeckstraße 32 wohnte, ganz in der Nähe. Rezniceks Tochter Felicitas hat diese Freundschaft in ihrem Buch *Gegen den Strom* beschrieben:

»Meine Eltern wohnten in der Knesebeckstraße, und nur wenige Häuser weiter, in der Mommsenstraße, wohnte Leo Blech. Nicht nur durch Humperdinck, sondern auch dadurch, dass Blech viele Werke meines Vaters aufgeführt hat (*Blaubart, Holofernes, Spiel oder Ernst*), waren die Ehepaare sehr befreundet. Im selben Haus wie Blech wohnte auch Oscar Bie, Musik- und Tanzfachmann. Beide Bies waren unsagbar hässlich, doch er war ein außergewöhnlich feiner Geist und sie eine herzensgute Frau. Bies und meine Eltern hatten ganz verschiedene Ansichten von vielen wesentlichen Dingen des Lebens. Trotzdem waren sie miteinander befreundet. Bie war ein wenig vitaler Mensch. E.N. hatte eine dynamische Vitalität. Dafür hatte Bie keinerlei Verständnis. Als absolut aufrichtiger Mensch kritisierte er auch die Werke seiner Freunde sehr scharf und manchmal so beißend, dass es eines Tages zu einem ernsten Zerwürfnis kam. Über *Spiel oder Ernst* schrieb Bie eine begeisterte Kritik und dann einen Brief an E.N. in dem er ihm versicherte, dass er ihn nicht habe verletzen wollen, als er seinerzeit den *Holofernes* so zerrissen hatte. Das war für Bie, der sehr eigensinnig war, ein außergewöhnliches Vorgehen. Als sei nichts geschehen, setzte die Freundschaft dort ein, wo sie aufgehört hatte und wurde auch durch den nächsten ›Verriss‹ nicht mehr getrübt.

Else Wolff, Porträt von Lisel Blech

Die gemütlichen und ungemein anregenden Abende, an denen nur die drei Ehepaare Bie, Blech und Reznicek teilnahmen, wurden wieder aufgenommen. [...] Punkt 11 Uhr pflegten die Besucher, wenn sich der Abend im Hause Reznicek abspielte, aufzustehen. Man wusste, dass E.N. um diese Zeit schlafen zu gehen wünschte. Waren manchmal fremde Gäste zugegen, dann kannte Blech seine Aufgabe genau. Punkt 11 Uhr zelebrierte er umständlich seine Verabschiedung, und E.N. pflegte dann zu sagen: ›Wollen Sie schon gehen?‹ ›Ich weiß ganz genau, dass Sie jetzt schlafen gehen müssen‹, lautete die bestimmte Antwort Blechs, und auch den anderen Besuchern blieb nichts anderes übrig, als sich zu verabschieden.«

Über die Werke seines Freundes Leo hat Oscar Bie keinen »Zerriss« geschrieben, im Gegenteil. Dessen Oper *Versiegelt* lobte er als ein »Meisterstück geschickter und graziler Hände, Geist und Kunst und Wahrheit in einem«, nachzulesen in der 1923er Ausgabe von Bies Buch *Die Oper.*

Befreundet waren Blechs auch mit ihren Nachbarn, den Künstlern Else und Fritz Wolff aus der Wohnung über ihnen. Sie porträtierten Lisel Blech häufiger. »Das bin ich, Lisel«, hat die Zehnjährige auf einer Zeichnung Fritz Wolffs notiert. Eine weitere von ihr als 18-jähriger hing neben Blechs Schreibtisch.

Nach einem Besuch bei uns im September 2019 hat Irene Frykholm, Lisel Blechs Tochter, uns Fotos davon geschickt. Ihr Ölgemälde von Lisel Blech als junge Frau nahm Else Wolff später mit ins Pariser Exil.

Mit Otto Hirschfeld, seinem Nachbarn aus dem Vorderhaus, verband Leo Blech die Zugehörigkeit zur Comenius Gesellschaft, die ihre Aufgabe in der Herausgabe und Verbreitung guter Jugendschriften und Bücher sah, wie auch darin, »die Jugend in deutschem Sinne zu beeinflussen und sie mit vaterländischem Geiste zu erfüllen.« Das geht aus dem *Monatsheft der Comenius Gesellschaft für Volkserziehung*, 1910, April, Heft 2, hervor, in dem beide, neben vielen anderen Prominenten, genannt werden. Werte, die auch im assimilierten Judentum verbreitet waren.

Otto Hirschfeld: Theodor Mommsens Nachfolger

Die Straße, in die Otto Hirschfeld und seine Frau Adelheid mit den 24-jährigen Zwillingen Theodor und Otto 1911 ziehen, wurde 1897 nach dem Althistoriker Theodor Mommsen benannt. Hirschfeld war Nachfolger auf Mommsens Lehrstuhl. War die Wahl seines Wohnsitzes ein Zufall oder eine bewusste Entscheidung? Einen seiner Zwillingssöhne nannte er Theodor – nach dem verehrten Lehrer und Freund.

Im Curriculum Vitae in seiner Dissertation ist zu lesen, dass er der jüdischen Religion angehört hatte (»Fidei addictus sum mosaicae«), in seinem Porträt in der *Jewish Encyclopedia* von 1906, dass er sich in Göttingen hatte taufen lassen. Es spricht viel dafür, dass dieser Schritt, der 1870 erfolgte, der Heirat mit Adelheid Helene Sofie Wyneken geschuldet war.

Otto Hirschfeld

Nach Hirschfelds Promotion 1863 in seiner Heimatstadt Königsberg über den antiken Liebeszauber und seiner Habilitation in Göttingen, wurde er 1872 Professor für Altertumskunde an der Universität Prag, 1876 wechselte er an die Universität Wien. Als Mommsen ihn 1885 nach Berlin holte, stifteten ihm Freunde und Schüler eine Medaille mit seinem Porträt. Die lateinische Legende auf der Vorderseite nennt die Jahre seiner bisherigen Stationen, die Rückseite zeigt die Personifikation der Erinnerung und der Treue. Zu seinem 60. Geburtstag 1903 fertigte der Maler William Pape ein Gemälde von ihm an: »Letzte Sitzung der Preußischen Akademie der Wissenschaften im alten Haus.« Eine Porträtstudie zu dem verschollenen Gemälde befindet sich in der Berlinischen Galerie.

Von seiner Frau ist kein Foto bekannt, doch Ludwig Emil Grimm hat in den *Erinnerungen aus meinem Leben* eine Beschreibung ihrer Mutter gegeben: »Die hier erwähnte, damals etwa 18jährige Olivia Bl. heiratete den Oberstleutnant Wyneken und nach dessen Tod den Oberamtsrichter Schrader. Ihre einzige Tochter Adelheid geb. Wyneken ist die Gattin des Philologen Otto Hirschfeld in Berlin. Olivia, gefeiert wegen ihrer Anmut und Liebenswürdigkeit, ist noch heute nicht vergessen.« Otto und Adelheid Hirschfeld bekamen acht Kinder, sechs Töchter und zuletzt die Zwillingssöhne.

Er setzte die Einrichtung des Instituts für Altertumskunde durch und wurde dessen erster Direktor. Fortan konzentrierte er sich auf römische Geschichte, namentlich die kurze Periode der Kaiserzeit. Er gab mehrere Bände des *Corpus Inscriptionum Latinarum* heraus, insbesondere mit den Inschriften Galliens und der beiden germanischen Provinzen. Auch der Zentraldirektion des Deutschen Archäologischen Instituts in Rom gehörte er an.

Hirschfeld gehörte zum Kreis der geistigen Elite im Kaiserreich. 1884 wurde er Ordentliches Mitglied der Königlich Preußischen Akademie der Wissenschaften in der Philosophisch-historischen Klasse; die königliche Bestätigung erfolgte im Frühjahr 1885.

Lina Meyer und ihre Töchter

Die Packer müssen schwer tragen, als an einem der Ziehtage des Jahres 1911 Lina Meyer mit ihren Töchtern Clara und Selma in die große Wohnung im Vorderhaus, 2. Etage rechts zieht: zwei Zimmer zur Straße, Berliner Zimmer, Wintergarten, ein langer Flur, abgehend Schlafzimmer, Bad, Küche und Mädchenzimmer zum Gartenhof. Selma gehörten ein elegantes weißes Schleiflackschlafzimmer und ein Flügel, Clara eine dunkle Herrenzimmereinrichtung: Sofa und zwei Sessel mit Gobelinbezug, Bücherschrank, Schreibtisch, Schreibtischsessel und Standuhr, ihrer Mutter die Einrichtung von großem Salon, Schlafzimmer, Esszimmer und Küche.

Inzwischen sind die Baulücken um das Haus geschlossen, die Straßenlaternen reihen sich auf wie die Lindenbäumchen, die etwa die gleiche Höhe wie diese erreicht haben und ihnen bald über den Kopf wachsen werden. An der Ecke Mommsenstraße, Bleibtreustraße finden sie eine Apotheke die, so ist der Aufschrift zu entnehmen, auch Parfum im Angebot hat. Im Gebäude gegenüber befand sich ein Restaurant, auch heute noch, und von 1900 bis 1920 das 5. Polizeirevier.

Den Eindruck von der Wohnung, den sie bei ihren Besuchen bekam, schildert eine Nichte, Dietgard Meyer: »Das Dienstmädchen, das die Schwestern ständig hatten, öffnete die Tür und servierte auch – im Wohnzimmer war gedeckt. Ein Riesenbuffet zog sich eine ganze Wand entlang. An den Wänden hingen große Bilder. Alles war sehr großzügig. Nebenan war das Musikzimmer mit großem Flügel. Ein Ständer war von oben bis unten mit Noten gefüllt.«

Im Flur der Wohnung war neben der Küche und gegenüber der Mädchenkammer ein rechteckiges Klingelbrett mit fünf Feldern an der Wand angebracht. Drückte eine der Frauen auf einen Knopf, fiel auf dem Klingelbrett eine Zahl herunter und das Dienstmädchen wusste, in welchem Zimmer etwas gewünscht wurde.

Als sie einziehen, ist Clara 47 Jahre alt, ihre Schwester Selma, »Sidy« genannt, 43. In den Adressbüchern tauchen sie erstmals 1926, nach dem Tod ihrer Mutter, als Bewohnerinnen auf: »Lehmann, C. Rentiere« und »Wechsler, Frau Prof.«. Lina Meyer war die Witwe des Leinenfabrikanten Abraham Meyer. Sie hatten sieben Kinder. Zum Umzug der Familie 1890 von Oerlinghausen nach Bielefeld schrieb *Der Wächter*: »Die scheidende Familie A. Meyer-Sternberg ist hier allgemein geachtet und wegen Ausübung stiller Wohltätigkeit bekannt.«

Die Schwestern, das ist von Selma überliefert, erhielten Privatunterricht auf Realschulbasis sowie eine musikalische Ausbildung und Sprachunterricht. Selma sprach perfekt Englisch, Französisch und Spanisch. Bis zur Heirat blieben sie in der Obhut ihrer Eltern. Clara war 25 Jahre alt, als sie 1891 in Brüssel Isidor Jules Lehmann heiratete. Nach drei Jahren wurde die Ehe geschieden. Ansässig in Berlin war sie seit der Jahrhundertwende. Mit Mutter und Schwester wohnte sie in der Flensburger Straße 9 am Bahnhof Bellevue. Gemeinsam zogen die drei Frauen 1911 ins Haus. Selma hatte 1897 in Berlin den aus Rumänien stammenden Arzt Theophil Wechsler, Professor für Linguistik an der Universität von Buenos Aires, geheiratet und eine Zeitlang mit ihm in Argentinien gelebt. Wann das Paar getrennte Wege ging, ist nicht überliefert. Irgendwann haben die Schwestern, wie viele ihrer Verwandten, für sich entschieden, die Jüdische Gemeinde zu verlassen. In der Evangelischen Kirchengemeinde St. Andreas in Berlin ließen sie sich am 15. Mai 1909 taufen.

Adolf Chaskel: Teppichhaus Bursch

Nach der Hochzeit 1912 mit Margot Bursch, Erbin des Teppichhauses Hermann Bursch, Möbelstoffe und Plüsch, und der Geburt ihres Sohnes Gerhard, zieht die Familie 1913 in die Mommsenstraße 6, Parterre-Wohnung, Vorderhaus. Chaskel erfüllt es mit Stolz, als er

1914 in den Bund der Freimaurer aufgenommen wird. Fortan geht er regelmäßig zu den Treffen in die Peter-Lenné-Straße 1-3, wo die Johannisloge Victoria ihren Sitz hat. Als erste »humanitäre« Freimaurerloge in Preußen hat sie Männer ohne Ansehen der Konfession und Abstammung aufgenommen. 1915 kommt ihre Tochter Hildegard (Hilda) zur Welt. In den Folgejahren baut er die Firma »zum führenden Haus« in der Teppich- und Möbelstoffbranche aus. Die Geschäfte laufen glänzend. Chaskel kauft ein Einfamilienhaus in Lankwitz, in das die Familie Ende 1918 umzieht. 1921 wird ihre Tochter Inge Ruth geboren. 1930 läßt er sein Haus nach Plänen des Architekten Egon Eiermann umbauen. Es steht unter Denkmalschutz.

Fritz und Else Wolff: Der Zeichner und die Malerin

Der Portier Julius Böhnke, seit 1916 im Dienst, sortiert Namensschilder neuer Mieter in den »Stillen Portier« ein: Fritz und Else Wolff. Der Karikaturist lernte seine spätere Frau, die Malerin Else Lewy, in Paris kennen. 1908 heirateten sie in London. Sie stammen aus gutbürgerlich-jüdischen Familien. Ihre Väter machten ihr Geld in der Textilbranche. Fritz ältere Geschwister waren der *Tageblatt*-Chefredakteur Theodor Wolff, die Fotografin Marta Wolff und Käthe Wolff. Der Zeitungsmogul Rudolf Mosse war ihr Cousin.

Fritz Wolff hatte an der Akademie der Bildenden Künste in München studiert und war Meisterschüler bei Arthur Kampf an der Berliner Akademie der Künste. Seine erste Anstellung hatte er als Porträtist bei August Scherls *Lokal Anzeiger.* Dieser war ihm bald zu konservativ. »Lokus-Anzeiger« schrieb er seinem Bruder. Er kündigte und arbeitete frei. Er machte sich einen Namen als Karikaturist, Buchillustrator, Werbezeichner und Bühnenbildner.

Als »Zeichner im Generalstab« ist er im Berliner Adressbuch 1918 zu finden. An der Front und im »Großen Hauptquartier« zeichnete er Generäle. Seine *Bunten Kriegsbilderbögen*, die die Bevölkerung mobilisieren sollten, erfreuten sich großer Beliebtheit.

Über die Ausbildung von Else Wolff wissen wir nur, dass sie in Paris Malerei studierte. In Berlin gehörte sie Herwarth Waldens

Sturm-Kreis an, der Künstlervereinigung Die Abstrakten, sowie 1925/26 deren Vorstand (»Arbeitsausschuss»). Weil ihr Werk während der NS-Zeit verschollen ging, ist die Expressionistin weitgehend unbekannt. Nur zwei Werke gelangten bislang in den Kunsthandel. Die Galerie Bassenge auktionierte 2019 unter dem Titel *Vergessene Moderne* ihr Gemälde *Stilleben mit Früchten*. Im Katalog heißt es: »Das Stilleben ist ein Fest der Sinnlichkeit, Farben und Fülle, [...].« Die Galerie verkaufte 2021 ein weiteres Gemälde von ihr: *Gehöft mit Teich*.

Häufiger Gast bei den Wolffs war die Dichterin und Malerin Else Lasker-Schüler. Im Oktober 1914 schickt sie ihrem Sohn Paul, er wohnte bei Franz und Maria Marc in Bayern, Fritz Wolffs *Malerbummel*. Dazu schreibt sie: »Ich war dort Sonntag zu Tisch.«

»Dem lieben Fritz Wolff, dem Zeichner der Generäle und seiner Malerin mit vieler Liebe.« Diese Widmung stellt Lasker-Schüler ihrem Gedicht *Die Stimme Edens* voran, enthalten in der 1907 beim Verlag der Weißen Bücher erschienenen Ausgabe *Gesammelte Gedichte*. Nicht genug damit, nennt sie das Ehepaar im Essay *Fritz Wolff*, der im gleichen Gedichtband erscheint, »meine beiden liebsten Menschen in Berlin«.

»*Fritz Wolff*. Ich schrieb einmal aus der Ferne an den Zeichner: Sie und Ihre Frau behalten immer eine Silberquaste meiner blauen Seele in der Hand zurück und darum bin ich nie ganz und gar abwesend aus Berlin, wenn ich längst die Stadt verlassen habe. – sonntags kommt manchmal auch der dänische Märchenerzähler zu Wolffs – nur seinen Namen kann ich nicht behalten. Aber über unserm Beisammensein hängt eine nickendtickende Uhrgroßmutter; zu jeder Stunde schenkt sie uns ihren tieftönenden einlullenden Segen. Ich bin dann plötzlich ganz klein, wir vier werden Kinder – lauschen ... und unsere Gedanken springen sorglos über die Geleise des Alltags. Wir spielen den Ulk aus Fritz Wolffs farbigen Bilderbogen, die hinter den Ladenfenstern auf die Straße lachen. Und wenn nicht das ›Mädchen‹, wie der Fritz Wolff seine Frau nennt, uns hinterrücks mit einem riesenrosinenknusperigen Kriegskuchen überfiel, den wir bewältigen müssen, so würden wir selbst nicht an diese ›süße‹

Fritz Wolff am Zeichenbrett, 1918, und Selbstporträt, 1931

Wirklichkeit erinnert werden. Die himmelhelle und die grassaftig angestrichene Stube tragen Schmachtlöckchen, und im dritten Stübchen, darin viel und weißgeblümter Battist rauscht, hängt sein Selbstbildnis im Rosenrahmen zwischen Fritz Wolffs lächelnder Ahnin und ihrem wohllöblichen Vetter aus Alt-Berlin im Bratenrock und steifem Vatermörder. Aber auf einem Wandtischchen stehen aus buntem Schaumzucker ein paar heilige Tiere: das Lamm trägt ein Glöckchen um den leckeren Hals und ist besonders fromm und altmodisch immer neu für meinen verehrten Fritz Wolff und seinem guten Mädchen gebacken. Auch meine Freude für allerlei Tand teilen meine beiden liebsten Menschen in Berlin und wir bringen uns auserlesene Spielereien mit von Reisen aus großzügigen Welten. Dieses Glück haben wir uns auch im Kriege zu bewahren gewusst, wenn auch unser Zeichner Fritz Wolff fern auf hartem Boden im Osten Soldatenbilder zeichnete und die Köpfe vieler Generäle und Obersten der Schlachten. Die Spitze seines Stifts taucht er in sein feines, künstlerisches Blut, so dass seine Zeichnungen wie auf Seide gezeichnet wirken. Irgendwo aber in seinem übervollen Herzen setzt ein Schelm auf einem schwanzausgerissenen Steckenpferdchen über alle steife Zeremonie hinweg wie die Maxmoritzschlingel, deren Streiche er so schön zu illustrieren versteht.

Bevor wir Abschied nehmen für diese Woche, muss der – Andersen der – Texiere noch die Geschichte der Eidechse und der Prinzessin vortragen. Und dann ›hinaus mit uns zwei in die Nacht!‹«

In dem Essay schildert Lasker-Schüler ausführlich einen Sonntag bei ihren Freunden. Sie fühlt sich geborgen, und der Kriegsalltag rückt von ihr ab. Mit »Andersen der – Texiere« kuvriert sie den dänischen Märchenerzähler Jacob Seligmann Texiere, der ihnen die Geschichte von der *Eidechse und der Prinzessin* vorträgt. Auch Fritz Wolff verehrt Andersen. Sein Märchen *Spielkartenbilder* hat er 1910 für *Die Woche* illustriert.

Wolff und Lasker-Schüler sind Stammgäste im Café des Westens. Dort trägt sich eine Episode zu, die sie entrüstet in einem Brief vom 27. April 1915 an Karl Kraus schildert. Kurt Hiller habe sie als gemeingefährlich bezeichnet, denn sie locke junge Leute in ihr Schlafzimmer, um sie für sich zu gewinnen. »Darum sehen mich die Leute auch (einige) so seltsam an im Café und ich wusste nie warum. … Nur Kainers, Fritz Wolff, Wieland [Herzfelde] und sein Kreis halten mit mir fest.« (sic)

Die Dichterin pflegte ein inniges Verhältnis zu Fritz Wolff. Das erfahren wir auch aus einem Brief, den sie am 28. Oktober 1917 aus Zürich an den Berliner Kunsthändler und Verleger Paul Cassirer schreibt: »Ich habe lieb: Franz Marc, Fritz Wolff, Leo Kestenberg, Frau Prof. Hermann und Ihre liebe Frau [Tilla Durieux], Frau Prof. Otto, Fürstin Wied … und meine Freunde in Berlin, meine Spielgefährten, ihre Liebe wird mich nie verlassen, im Leben und Tode nicht.« Ihre Verbundenheit zum 1916 bei Verdun gefallenen Maler Franz Marc ist bekannt. Direkt nach ihm denkt sie an Fritz Wolff.

Bis jetzt hat die Else Lasker-Schüler-Forschung die Person »Fritz Wolff« falsch zugeordnet. Sie hat den Herausgeber der Exilzeitung *Pariser Tageblatt,* Fritz Wolff (1897-1946), für den Freund Lasker-Schülers gehalten. Unverständlich, denn einen entscheidenden Hinweis gibt sie in einem Brief an Klaus Mann vom September 1933 selbst. Sie benennt Fritz Wolff als Bruder des »netten Theodor Wolff«. Die Verbindung Lasker-Schülers zu Fritz und Else Wolff wird hier erstmals beschrieben sowie ihr Essay *Fritz Wolff* richtig gedeutet.

Die jüdischen Hausbewohner im Kaiserreich

Juden und Christen wohnten Tür an Tür. Als Deutsche fühlten sie sich dem Kaiserreich verbunden. Viele empfanden die Wilhelminische Zeit als ein »goldenes Zeitalter«. Schließlich hatte 1871 der Deutsche Reichstag, wie schon zuvor unter Preußens Führung 1869 der Norddeutsche Reichstag, die bürgerliche Gleichstellung der Juden gesetzlich verankert. Es entwickelte sich ein akkulturiertes liberales jüdisches Bürgertum, das in eine deutsch-jüdische Symbiose mündete. Leo Blech gehörte als Königlich-Preußischer Generalmusikdirektor zum Hofstaat des Kaisers. Otto Hirschfeld war Ordentliches Mitglied der Königlich Preußischen Akademie der Wissenschaften. Auch im Kaiserreich gab es antisemitische Vorurteile und politische Kräfte, blieben jedoch in ihrem Einfluss beschränkt.

Das Verzeichnis der wahlberechtigten Mitglieder der Jüdischen Gemeinde zu Berlin, das sich im Archiv der Stiftung Neue Synagoge Berlin – Centrum Judaicum befindet, gibt Auskunft darüber, welche Hausbewohner 1906 der Jüdischen Gemeinde angehörten. Es waren Adolf Chaskel, Sally Behrens, Max Jacob, Samuel Fränkel, Samuel Proskauer, Georg Lappe, Hugo Lauterbach, Abraham Isaacsohn und Fritz Wolff. Auch ihre Ehefrauen sowie die Witwen Fanny Auerbach, Lina Meyer, Clara Jacob und Elise Sonnenthal gehörten der jüdischen Religion an. Sie bildeten die Mehrheit im Haus. Ihren Kindern gaben sie deutsche Modenamen wie Hans, Bernhard, Franz, Ernst, Gerhard sowie Eva, Käthe und Hildegard – und verzichteten auf zusätzliche jüdische Vornamen.

Verlassen hatten die Jüdische Gemeinde Emil Lessing, Otto Hirschfeld, Oscar Bie, Leo Blech, Clara Lehmann und Selma Wechsler. Bereits Emil Lessings Vater Max war von der jüdischen zur christlichen Religion konvertiert. Warum konvertierte jemand? Leo Blechs Begründung ist überliefert, abgedruckt in einer Publikation des Otto-Ackermann-Archivs. Auf die Frage der Opernsängerin Lilly Hafgren »Man ließ sich doch nicht taufen?«, antwortete er in einem Brief vom 4. Januar 1912:

»Doch, Lilly Hafgren, man ließ! Warum? Hören Sie: Als Wolfgang ½ Jahr (unter Null, d.h. noch ungeboren) alt war sagte ich mir: meine Frau war immer Protestantin, ich Jude, zwei Religionen bei den Eltern thun nicht gut, und den Jungen Jude werden lassen – warum ihm dies Gewicht anhängen [...] Da trat ich über, ohne das wäre ich heute nicht in Berlin [...] Mein Judenthum? Ach Gott, mit dem stehts faul. Ich habe nur die produktiven Eigenthümlichkeiten meiner Rasse: die Anlage zur Complicirtheit und die Sehnsucht zur Naivität: die Selbstkritik schmähe ich nicht. Alles, was man verächtlich ›jüdisch‹ nennt, kenne ich nicht und kannte ich nie. Doch, etwas Jüdisches hab' ich noch, ich bin ein leidenschaftlicher ›Sohn‹! Familiensinn! Ghetto! Sonst? Bei Gott, ich fühl' mich als Deutscher und als Künstler! Der Gedanke in Zion Generalmusikdirektor zu sein – schrecklich! [Hervorhebung L.B.] Im Übrigen ist dies das einzige Gebiet in mir, das mir nicht klar ist, über das ich nie viel nachgedacht habe, weil ich da selbst nicht zur Klarheit komme. Ich bin in Deutschland geboren, bin gewiss von Geburt Musiker und bin sicher ein Mensch. Liebe, Güte, ist's nicht genug? Nehmen Sie mit diesen Qualitäten vorlieb.«

Die Mitglieder der Jüdischen Gemeinde im Haus sahen erwartungsvoll der Einweihung ihrer Synagoge entgegen. Die am 26. August 1912 eingeweihte Synagoge in der Fasanenstraße 79 kündete von ihrem Selbstbewusstsein. Nicht versteckt im Hinterhof wie noch die fast zeitgleich geweihte Synagoge in der Pestalozzistraße 14, sondern als sichtbares, stolzes Zeichen im Stadtbild. Der dreischiffige Monumentalbau, der sich an byzantinische Kirchenbauten anlehnte, hatte eine Orgel und bot 2.000 Menschen Platz. Es war die erste große Synagoge außerhalb des alten Berlins.

Das letzte Jahr Frieden

Wie erlebten die Hausbewohner das letzte Jahr Frieden? Die Belle Époque war für sie wörtlich eine »schöne Zeit«, gekennzeichnet von privatem Glück, gesellschaftlichen Fortschritt und beruflichen Erfolgen. Der Kaiser ernannte Kapellmeister Leo Blech zum Königlich-Preußischen Generalmusikdirektor, ein Amt, das er auf Lebenszeit behält, auch als das »Königlich-Preußische« wegfällt. Wie sich das zutrug, schrieb Blech seiner Freundin Louise Wolff, Inhaberin der Konzertdirektion Hermann Wolff in Berlin:

»Liebe! Also denke Dir: S.M. (mit dem Prince of Wales) in ›Aida‹ lässt mich im dritten Akt (es war keine Pause) vor allem Publikum rufen, ich muss in die Loge und stehe mit ihm so, dass mich ein Viertel des Theaters sehen kann. Als ich mich für die Ernennung bedanke, sagt er wörtlich: ›Aber, verehrter Freund, das ist doch das einzige, was ein Laie tun kann, einem Künstler seine bewundernde Anerkennung (wörtlich!) und seinen Dank für so viele schöne Abende auszudrücken. Im Mittelalter hatte es unsereiner leichter – da hing man jemand ein paar goldene Ketten um, die tragen heute nur noch die Bürgermeister.‹ Ich: ›Ew. Majestät, mir ist auch der Titel viel lieber, denn die Kette müsste ich abends ablegen und den Titel –‹. Er: (lachend): ›Nehmen Sie mit ins Bett.‹ Ich: ›Ja‹«.

Wieder holte der Kaiser ihn in seine Loge, als Leo Blech Meyerbeers *Hugenotten* dirigierte, um ihn selbst den beiden Direktoren der Pariser Oper vorzustellen, worauf der *Figaro*, schrieb: »Monsieur Blech: Le favorite de'l Empereur.«

Auch Otto Hirschfeld erfährt Ehrungen. Als er 1913 seinen 70. Geburtstag feiert, wird er mit einer versilberten Bronzeplatte geehrt. Die Vorderseite zeigt seine Büste in Profilstellung und einen Liktorenstab, die Rückseite acht Studenten, vor denen Hirschfeld, der an einem Pult sitzt, referiert. Im gleichen Jahr erscheinen seine *Kleinen Schriften* in der Weidmannschen Buchhandlung, Berlin. Oscar Bies Standardwerk *Die Oper* kommt im gleichen Jahr bei S. Fischer heraus.

Zur Hochzeit von Viktoria Luise, des Kaisers einziger Tochter, am 24. Mai 1913 mit Prinz Ernst August zu Braunschweig und Lüneburg, reiste die Verwandtschaft an: der russische Zar und der König von England, Cousins des Kaisers und Vettern des Bräutigams. Einträchtig saß man in der Kaiserloge. Eine Zeitungsmeldung in Blechs Erinnerungsalbum präzisiert das: »An der Logenbrüstung nahmen die Braut und der Bräutigam Platz, rechts von der Braut der Kaiser, die Königin von England, der Zar und die Herzogin von Cumberland, links vom Bräutigam die Kaiserin, der König von England, die Kronprinzessin und die Großherzogin von Baden; dahinter sitzen in mehreren Reihen der Kronprinz, die Großherzöge und Großherzoginnen und die anderen Fürstlichkeiten. – Leo Blech hebt den Taktstock ...«

Blech hat handschriftlich angefügt: »Nach der Galavorstellung bekam ich vom Herzog von Cumberland eine hübsche Nadel.« Drei Wochen später wird das 25-jährige Thronjubiläum von Kaiser Wilhelm II. gefeiert – »25 Jahre im Dienst des Friedens«. Wieder ist Blech dabei und dirigiert den *Lohengrin*. Noch geben sich die Potentaten friedvoll.

Oscar Bie begleitete im Frühjahr 1914 Sergej Kussewitzky und den Pianisten und Komponisten Alexander Skrjabin auf einer musikalischen Wolgafahrt. Ihr Raddampfer legte an allen größeren Städten an, beginnend in Jaroslawl, endend in Astrachan am Kaspischen Meer. In jeder Stadt wurden zwei Konzerte gegeben, eines mit russischer und eines mit westeuropäischer Musik. Bie beobachtete: »Das Publikum der Wolgastädte will keine alte Musik hören. Man schrieb dem Dirigenten: »... nur keinen Haydn oder Mozart!« Ein Krieg schien weit weg.

Krieg und Neubeginn

Ein Jahr nach dem Treffen der Monarchen in Berlin beendete der »Große Europäische Krieg«, aus dem im weiteren Verlauf ein Weltkrieg wurde, der Erste, wie man ihn nennt, um ihn vom Zweiten, der bald folgen sollte, zu unterscheiden, die »Schöne Epoche«. Oscar Bie, Otto Hirschfeld und Leo Blech gehörten zu jenen Eliten, die den Krieg glorifizierten, Patrioten, voller Stolz nach den anfänglichen Erfolgen des Deutschen Heeres. Oscar Bie rief aus: »Die große Reinigung komme über uns«, und im November veröffentlichte er in *Der Neuen Rundschau* erste Feldpostbriefe, in denen er »mythische Reize« als Mittler zwischen Front und Heimat, zwischen Gegenwart und Geschichte ausmachte. Stolz war Leo Blech nach den anfänglichen Siegen des Heeres. Im Erinnerungsbuch steht am 23. August 1914: »Eine in ihrer Tragweite unübersehbare Zeit! Sieg auf Sieg! Wir erleben Weltgeschichte!«

Otto Hirschfeld war einer von den über 3.000 Unterzeichnern, die den Krieg rechtfertigten. »Unser Glaube ist«, so die »Erklärung der Hochschullehrer des Deutschen Reiches« vom 16. Oktober 1914, »dass für die ganze Kultur Europas das Heil an dem Siege hängt, den der deutsche ›Militarismus‹ erkämpfen wird [...]«. Verfasser war sein Freund Ulrich von Wilamowitz-Moellendorff, Schwiegersohn Theodor Mommsens.

An der Front waren die Reserveoffiziere Alfred Schmidtgen-Schmieden, Albert Mühlig-Hofmann und Oskar Kalbus. Schmieden ist Hauptmann d.R. des Großherzoglich Mecklenburgischen Füsilier-Regiments »Kaiser Wilhelm«, Nr. 90, und kämpft mit seiner Einheit in Frankreich. Albert Mühlig-Hofmann ist Führer der Feldfliegerabteilung 38. Nach ihm wurde das »Neuschwabenland Mühlig-Hofmann-Gebirge« in der Antarktis benannt, in dem Verschwörungstheoretiker bis heute einen Nazi-Bunker vermuten. Mit fünf anderen deutschen Kampfpiloten, darunter Manfred von Richthofen, posiert er für ein Foto. Oskar Kalbus, wir hören noch von ihm, zieht Mitte Oktober 1914 mit dem Jäger-Bataillon Nr. 17 in die Flandern-Schlacht. Der Heldentod erscheint ihm »groß und heilig«, weil es galt, »blutende Ziegel am Fundament eines großen

Vaterlands zu werden«. Im Februar 1918 kommt er in die Ukraine, um sie »vom grossrussischen Reich loszulösen und sie zu einem unabhängigen Staatswesen zu machen«, benennt er als Ziel deutscher Kriegspolitik.

Ein anderer Hausbewohner wusste den Krieg für sich zu nutzen und annoncierte im März 1915 im *Berliner Tageblatt:* »30.000 Paar Militärstiefel. Nur schriftliche Anfragen an Hugo Lauterbach, Charlottenburg, Mommsenstraße 6.« Im Dezember 1916 »Lastauto!! Fabrik Benz, 1 ½ Tonnen, 245 PS, Kettenantrieb, verdeckter Führersitz, Pritsche mit Seitenteilen u. Patent-Holzeisenbereifung sofort verkäuflich, Hugo Lauterbach, Charlottenburg 2, Mommsenstraße 6.«

Otto Neumann-Hofer ließ sich nicht verleiten, das im Oktober 1914 veröffentlichte Manifest *An die Kulturwelt* zu unterschreiben, mit dem 93 Vertreter des deutschen Geisteslebens für »Deutschlands reine Sache« und den »ihm aufgezwungenen Daseinskampf« in den Kampf zogen, obgleich sein Trauzeuge Ludwig Fulda und sein Freund Hermann Sudermann zu den Mitunterzeichnern gehörten, wie auch Max Reinhardt und Gerhard Hauptmann, um nur einige der prominenten Unterzeichner zu benennen.

Der Kriegsmaler Fritz Wolff meinte: »Ein beschissener Krieg!«

Auf die Salons folgen Schlachtfelder; weicht Zuversicht der Angst. Der Tod durchdringt die private Sphäre. Alfred Schmidtgen-Schmieden, der Theaterdirektor, fällt gleich zu Beginn des Krieges am 25. September 1914 bei Noyon in Frankreich. Zurück bleiben seine Frau Meta und seine kleinen Söhne Wilhelm und Anno. Klagen dringt aus der Wohnung der Hirschfelds, als sie die Nachricht vom Tod ihres Sohnes Theodor erhalten. Der ledige Doktor der Philosophie ist 28 Jahre alt, als er am 19. Oktober 1915 in Litauen fällt. Schmerz und Kummer über den Verlust sind noch nicht verheilt, als Hirschfelds auch den Verlust des Zwillings Otto betrauern müssen. Mit 30 Jahren wird er am 12. August 1917 durch einen »Artilleriegeschoßvolltreffer« in Becelaere in Flandern getötet. Der Doktor der Rechtswissenschaften hinterlässt seine Frau Hedwig und ihre erst zwei Jahre alte Tochter Elisabeth. Das Haus trauert.

Hatte sich Hirschfelds Sicht auf den Krieg nach dem Tod seiner Söhne verändert? Konnte das Kondolenzschreiben seines Freunds

Ernst Troeltsch, ebenfalls Mitglied der Preußischen Akademie der Wissenschaften, Trost spenden?

»Hochverehrter Herr Kollege!

Nur mit schwerem Herzen setzte ich die Feder an, um Ihnen – nach meiner Rückkehr die Anzeige vorfindend – meine tiefe Anteilnahme an dem, soviel ich weiß, zweiten Schicksalsschlage auszusprechen. Der Krieg ist trotz aller Größe u aller Zukunftsbedeutung doch ein schweres Unglück für Menschheit, Vaterland u Einzelfamilie, u wir tragen nun allesamt, einer mit dem anderen, Jahr um Jahr steigenden Schmerz u steigende Sorge um die verwüstete, unserer besten Jugend beraubte Zukunft. Die Sorge für das Allgemeine u der persönliche Anteil am Einzelnen machen jeden neuen Fall immer schwerer u härter, u es bleibt nur der feste Entschluss sich nicht beugen zu lassen um nicht weich zu werden. Möge ihr Alter u Ihr Vaterherz dieser harten Notwendigkeit standhalten können. Mehr wage ich in ehrfürchtiger Anteilnahme an Ihrem Schmerze nicht zu sagen.

Ihr [ganz] ergebener E. Troeltsch.«

Je länger der Krieg dauerte, desto mehr fragten sich die Menschen: Ist der Krieg die Opfer für »Kaiser, Volk und Vaterland« wert? Für Leo Blech war es inzwischen ein »grauenvoller Krieg«. Überraschung, vielleicht auch Entsetzen, spricht aus seinem Eintrag am 11. Januar 1917: »Ablehnung des Friedensangebotes durch die Entente!!!« Reichskanzler Theobald von Bethmann-Hollweg hatte am 12. Dezember 1916 eine Note an die Kriegsgegner gerichtet und Verhandlungen zur Beendigung des Krieges angeboten. Das Friedensangebot war mit Skepsis aufgenommen und abgelehnt worden. Der Krieg ging weiter und kostete weiteren Millionen Menschen das Leben. Ende März 1917 hält Blech fest: »Der sehnlichste Wunsch: Möchte ich bald den ›Friedenstag‹ hier vermerken können.«

Der »Hungerwinter« 1916/17 grub sich als »Kohlrübenwinter« in das Gedächtnis der Berliner ein. Die Bewohner der Mommsenstraße 6 spürten die Verknappung. Nicht nur Else Wolff buk Kriegskuchen, in Erna Fiegels Rezeptbuch finden sich gleich drei Rezepte dafür. Am 28. April 1918 feiert Lisel Blech ihren fünften Geburtstag: »Der Tag wurde gar nicht Kriegsersatz – artig gefeiert! 9 Kinder, Schokolade! und Kuchen!« Die Außergewöhnlichkeit ihres Geburtstages war Leo Blech drei Ausrufungszeichen wert. Sorgen und Freude erlebte Blech in enger Abfolge. Am 28. September 1918 hält er fest: »Abfall Bulgariens. Schwarze, sorgenvolle Zukunft.« Dann wieder euphorisch anlässlich seines 25-jährigen Dienstjubiläums am 4. Oktober 1918: »Unglaubliche Ehrungen, 106 Telegramme, 90 Schreiben, Geschenke und Blumen in Mengen – erdrückend.«

Am 29. September 1918 trat der Kronrat zusammen und beschloss zwei Maßnahmen, die alles auf den Kopf stellten, was bislang Geltung hatte. Statt eines »Siegfriedens« soll ein »Verständigungsfrieden« den Krieg beenden. Friedensverhandlungen mit allen kriegführenden Staaten will der neue Reichskanzler Prinz Max von Baden, des Kaisers Cousin, führen, um einen sofortigen Waffenstillstand herbeizuführen. Die Hoffnung verflog. Die deutsche Delegation muß in Compiègne die harten Bedingungen entgegennehmen. Die Unterzeichnung des Vertrages am 11. November 1918 beendete die Kampfhandlungen, nicht den Kriegszustand.

Der zweite Punkt war der Übergang von der konstitutionellen zur parlamentarischen Monarchie. Am 3. Oktober 1918 bildete sich die erste parlamentarische Regierung in der Geschichte des Kaiserreichs. Mit Inkrafttreten der neuen Verfassung am 28. Oktober vollzog sich der Übergang zur parlamentarisch-demokratischen Monarchie. Es währte nicht lange, denn es kam zu spät. Die revolutionäre Welle erreichte Berlin am 9. November. Nach dem Austritt der MSPD aus der Reichsregierung gab Max von Baden unautorisiert den Rücktritt des Kaisers bekannt und übertrug die Macht ohne demokratische Legitimation dem MSPD-Vorsitzenden Friedrich Ebert. Die MSPD vollbrachte damit das Kunststück, während eines Tages zwei Regierungen und zwei Systemen anzugehören.

MSPD und Spartakus riefen Republiken aus: Der Kampf um das System begann. Nach sowjetischem Vorbild bildeten sich in den Betrieben »Arbeiterräte«, in den Kasernen »Soldatenräte«, im Schauspielhaus ein »Künstlerrat«: »Furchtbare Tage. Im Theater die herbste Enttäuschung meines Lebens. Alle gegen mich; Verrat, Tücke und

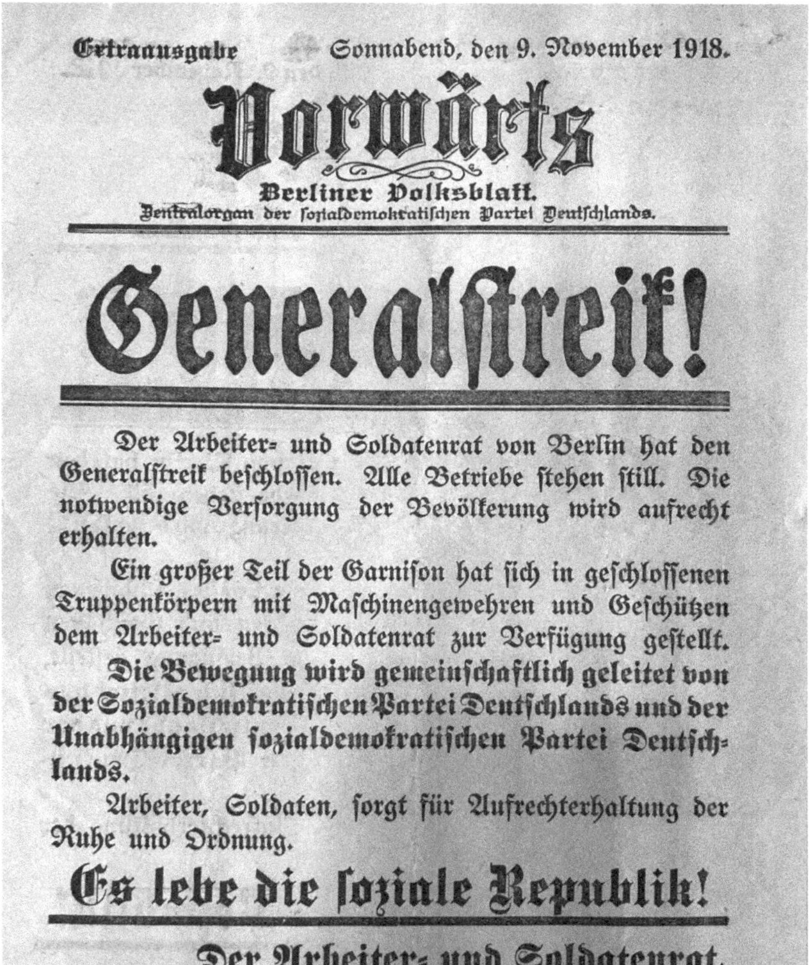

Extraausgabe Sonnabend, den 9. November 1918.

Vorwärts

Berliner Volksblatt.

Zentralorgan der sozialdemokratischen Partei Deutschlands.

Generalstreik!

Der Arbeiter- und Soldatenrat von Berlin hat den Generalstreik beschlossen. Alle Betriebe stehen still. Die notwendige Versorgung der Bevölkerung wird aufrecht erhalten.

Ein großer Teil der Garnison hat sich in geschlossenen Truppenkörpern mit Maschinengewehren und Geschützen dem Arbeiter- und Soldatenrat zur Verfügung gestellt.

Die Bewegung wird gemeinschaftlich geleitet von der Sozialdemokratischen Partei Deutschlands und der Unabhängigen sozialdemokratischen Partei Deutschlands.

Arbeiter, Soldaten, sorgt für Aufrechterhaltung der Ruhe und Ordnung.

Es lebe die soziale Republik!

Der Arbeiter- und Soldatenrat.

Trug und Undank«, schreibt Blech. Die Vertrauensleute des neugebildeten Künstlerrates hatten Richard Strauss und Leo Blech zu neuen Leitern bestellt. Die Vollversammlung, die die Räte der Mitglieder als die eigentlichen Leiter sah, stimmte in einem Misstrauensvotum gegen eine Leitung Strauss-Blech, und die Mitglieder des Opernhauses erklärten fast einmütig, Blech in keinem Fall im Direktorium zu dulden, lieber in den Ausstand zu treten.

Um ihre Macht zu behaupten, beorderte die Regierung antirevolutionäre, monarchistisch und nationalistisch gesinnte Weltkriegssoldaten, die sich in Freikorps sammelten, nach Berlin. Beide Seiten glaubten, die temporäre Zusammenarbeit für ihre Zwecke nutzen zu können, die einen für die Stabilisierung ihrer Macht, die anderen für deren Beseitigung. Die »Freikorps« werden zu den Totengräbern der Republik gehören.

Für das Bürgertum, auch das jüdische, war eine lange vertraute Welt zusammengebrochen, der es nachtrauerte, während wachsende Teile der Arbeiterschaft einen ganz anderen Staat wollten. Es war der Aufbruch in eine neue Zeit, eine unbekannte, unvorhersehbare, unsichere Zeit. Die Anhänger der untergegangenen Monarchie befanden sich in der Defensive.

Von drei Hausbewohnern, Bie, Blech und Wolff, kennen wir die Reaktion auf den Sturz der Monarchie und die Verkündung der Republik. Leo Blech, er hatte zum Hofstaat des Kaisers gehört, trauerte der Monarchie nach, mit der ihm das »Königlich-Preußische« abhanden kam und die Hofoper zur profanen »Staatsoper« wurde. »Meine letzte Vorstellung im Königreich Preußen am 4. November 1918 ›Der Troubadour‹.« – »Meine erste Vorstellung in der Republik Preußen am 14. November 1918 ›Die Meistersinger von Nürnberg‹.« Seine Aufgewühltheit geht aus einer Notiz zu Weihnachten 1918 hervor: »Im Hause (bei Euch wenigstens) Friede, Freude und Glück. Auf der Straße die blutigsten Revolutionskämpfe.« Die besondere Verbundenheit zwischen dem Kaiser und Blech zeigt sich auch 1933. Er traf sich mit Wilhelm II. in seinem Doorner Exil zum Tee. Auf das Ende des Kaiserreichs angesprochen, offenbarte Leo Blech noch 38 Jahre danach in einem NDR-Interview von 1957 seine Gefühlswelt: »Ich fühlte mich nicht sehr glücklich.«

»Was hat die Welt Wilhelm II zu verdanken?«, fragte Fritz Wolff in der »Kaisergeburtstags-Nummer« von *Lachen Links,* erschienen 1924. Die Untertitel seiner vier Zeichnungen geben die Antwort: I. »Frankreich hat ihm seine glänzende Position zu verdanken!«, II. »Ganze Kontinente führte er herrlichen Zeiten entgegen!«, [Vereinigte Staaten], III.« England befreite er von seinem lästigsten Konkurrenten!«, IV. »Und Deutschland verdankt ihm alles, was es geworden ist!«, [Blinder Bettler im Regen]. Wolff war streitbarer Befürworter der Republik.

Oscar Bie hatte sich durch die Erfahrung des Krieges zum Republikaner entwickelt und die *Neue Rundschau* zur Verteidigerin dieser Werte gemacht. Sein geliebtes Rußland war untergegangen: »Meine Wolgawelt liegt im Chaos. Die Städte brennen, die Datschen sind zerstört, der Fluss ist rot. Die Zukunft wächst dunkel.«

Silvester 1918 wurde das totale Tanzverbot der Kriegszeit aufgehoben. »Wie ein Rudel hungriger Wölfe«, meldete das *Berliner Tageblatt* am Neujahrstag, »stürzt sich das Volk auf die lang entbehrte Lust. Noch nie ist in Berlin so viel, so rasend getanzt worden«. Wer konnte, stürzte sich ins Vergnügen, um dem verlorenen Krieg und den bürgerkriegsähnlichen Verhältnissen einen Augenblick zu entfliehen.

»Roaring Twenties« heißen in New York die 1920er Jahre, in Paris »Années folles«, in Berlin »Goldene Zwanziger«. Die Lebenswirklichkeit der Menschen beschreibt der englische Begriff genauer. Es sind »stürmische« Zeiten, die viele hinwegfegen, manchen Aufwind geben. Letztlich war es eine katzengoldene Zeit. Die Goldenen Zwanziger dauern nur von 1924 bis 1928. Der im Rückblick verwendete Begriff steht für die Moderne in Kunst und Kultur, Emanzipation, Experimentierfreude und Ausschweifungen. Sie grenzt die Republik von den politischen Systemen davor und danach ab, vor allem durch die neuen Freiheiten.

Extreme machten den »Mythos Berlin« aus: Gegensätze, die sich anzogen und abstießen. Im Zentrum Charlottenburg, jetzt Teil von Groß-Berlin. Der Reichstagsabgeordnete Adolf Neumann-Hofer fährt am 19. Januar 1919 nach Weimar. Am 31. Juli 1919 wird die neue Verfassung verabschiedet. Das Deutsche Reich wird eine föderative Republik mit einem gemischt präsidialen und parlamentarischen Regierungssystem. Der Machtkampf zwischen Kommunisten und Sozialdemokraten dauert an. Gleichzeitig wachsen rechte, republikfeindliche Bewegungen.

Instabile Jahre

Aus den Zeitungen erfuhren die Hausbewohner einen Schock nach dem anderen. In einer zum Zerreißen gespannten Gesellschaft suchten die Parteien nach dem stabilisierenden Moment oder dem destabilisierenden. Das Elend des Krieges fand neuen Ausdruck: Reparationsforderungen, Arbeitslosigkeit, Aufstände mit Tausenden von Toten, Morde an kommunistischen und demokratischen Politikern. Parlamentarische Republik oder Räterepublik? Freikorps putschten, um die Monarchie wiederherzustellen, Völkische, um eine nationale Diktatur zu errichten. 1923 eine Inflation, wie es sie noch nie gegeben hatte. Eine Gemengelage, die die Republik aus den Angeln heben wird.

Der Versailler Vertrag beendete den Krieg. Er verlangte dem Reich Souveränitätsbeschränkungen, Gebietsverluste und Reparationen ab und wies ihm die Alleinschuld zu. »24/6/19 Friede + + +«. Was bedeuten Leo Blechs drei Kreuze? Erleichterung über das Ende des Krieges oder Trauer über den Untergang des Kaiserreichs? Auf seinen Schreibtisch flattert Romain Rollands Aufruf *Déclaration d'indépendance de l'Esprit*. Die Liga zur Beförderung der Humanität verbreitete ihn unter dem Titel »Für die Unabhängigkeit des Geistes!« Der Text ruft zur Versöhnung der Intellektuellen Europas auf. Zu den Unterzeichnern im Juni 1919 gehören neben anderen Albert Einstein, Magnus Hirschfeld, Käthe Kollwitz, Hermann Hesse, Heinrich Mann, Franz Werfel, Stefan Zweig – und Leo Blech.

Um eines der abgetrennten Gebiete ging es im Wahlkampf um Oberschlesien, bei dem die Satirezeitschrift *Pieron* eine Rolle spielte. Kurt Tucholsky, vom *Ulk* als Redakteur zum *Pieron* gewechselt, war es, der seinen Freund Fritz Wolff als Zeichner für die Zeitschrift gewinnen konnte. In den *Bunten Kriegsbilderbogen* hatte Wolff während des Ersten Weltkrieges mit dem Zeichenstift gegen Engländer, Franzosen und Russen gekämpft, jetzt ging es gegen die Polen. Der *Pieron* (Blitz) war die deutsche Antwort auf das polnische Blatt *Kocynder* (Tagedieb). Beide Blätter machten Stimmung bei den Wählern, um sie bei der Volksabstimmung über die Zukunft Oberschlesiens auf ihre Seite zu ziehen. Am 20. März 1921 sollten die Bewohner Oberschlesiens entscheiden, ob das Gebiet mit einer fast gleich starken deutschen und polnischen Bevölkerung bei Deutschland bleiben oder künftig zu Polen gehören sollte.

Wolff hatte neben Heinrich Zille und Walter Trier 1921 für vier Ausgaben des *Pieron* Bildergeschichten beigesteuert. Ihr Einsatz blieb folgenlos. Polnische Freiwilligenverbände rückten – mit Duldung der französischen Besatzungsmacht – am 2. Mai 1921 in Oberschlesien ein, das sich in der Volksabstimmung mit großer Mehrheit für den Verbleib bei Deutschland entschieden hatte. Dennoch musste Ostoberschlesien aufgrund eines Beschlusses des Völkerbundrates an Polen abgetreten werden.

Fritz Wolff hat genug. Der desolate Zustand des Hauses wirkt wie ein Abbild der krisenhaften Nachkriegsentwicklung. Im Mai 1923 wendet er sich an die Baupolizei. Über mehrere Jahre hat er den Hauseigentümer vergeblich gebeten, das Dach des Hauses reparieren zu lassen, »da bei jedem Regen das Wasser durch die Decke in meine Wohnung läuft«. Der neue Eigentümer kümmerte sich mehr um die Verwertung als um den Erhalt. Die Begehung bestätigte, dass »infolge der schadhaften Dachdeckung Niederschlagwasser in erheblichem Maße in die Wohnung des Mieters Wolff dringt«. Die Baupolizei stellte fest, dass der Putz und insbesondere die Dachsteinverkleidungen an der Straßenfront und an der Front des zweiten Hofes schadhaft sind. Für die Reparaturen veranschlagte die Baupolizei im Inflationsjahr 1923 fünfzehn Millionen Mark.

Die Hyperinflation des Jahres 1923 vernichtete unzählige Vermögen. In Berlin erreichte die Not unvorstellbare Ausmaße. Auch in Charlottenburg kam es zu Plünderungen. In den großen Wohnungen wurden jetzt vermehrt Zimmer untervermietet, wie von Elisabeth Rumpf auf der 2. Etage links im Vorderhaus an den Eisenbahnweichensteller Paul Lange. So wahrte die Witwe den Schein einer bürgerlichen Existenz. Auch der jüdische Mittelstand, der kaum über Grundbesitz verfügte, litt unter der Inflation: »Kein Volk der Welt hat etwas erlebt«, schrieb der Publizist Sebastian Haffner, »das dem deutschen›1923‹-Erlebnis entspricht«.

Veränderungen im Haus

Albert Gessner verkaufte um 1920 das Haus. Die Atmosphäre, die zwischen den Hausbewohnern gewachsen war, veränderte sich. Auch wenn jemand starb oder wegzog. Zu Beginn der 1920er Jahre starben mehrere Hausbewohner. »Mein Mann ist nach langem, schwerem Leiden am 1. November 1921 gestorben und war schon längere Zeit vordem nicht berufstätig«, teilte Margarete Lessing der Theater-Abteilung des Polizei-Präsidiums den Tod ihre Mannes Emil Lessing mit. Otto Hirschfeld starb am 27. März 1922 im Alter von 78 Jahren in seiner Wohnung.

Generalmusikdirektor Leo Blech
geht als musikalischer Oberleiter einer Wagner-Tournee nach Amerika.
Nach dem Leben für den „Welt-Spiegel“ gezeichnet von Fritz Wolff.

Oscar Bie übergab 1922 die Redaktion der *Neuen Rundschau* an Rudolf Kayser und war nun mit Samuel Fischer und Samuel Saenger Mitherausgeber. Ab 1921 lehrte er Ästhetik an der Berliner Hochschule für Musik, in der Fasanenstraße 1b.

Leo Blech ging auf Reisen. Von Mitte Januar bis Ende März 1923 unternahm er mit einer 200-köpfigen Wagner Opera Festival Company die erste Tournee eines deutschen Orchesters überhaupt in die Vereinigten Staaten. Zurück in Berlin wechselte er im gleichen

Jahr für ein höheres Gehalt von der Staatsoper Unter den Linden an das Deutsche Opernhaus in Charlottenburg.

Otto Neumann-Hofer, der 1919 die Leitung des Deutschen Opernhauses aufgegeben und ausgedehnte Auslandsreisen bis nach Afrika unternommen hatte, übernahm 1920 drei Varietétheater in Zürich, Luzern und Bern. Mit seiner Frau zog er 1924 nach Detmold, wo sein Bruder Adolf lebte.

Else und Fritz Wolff machen sich alle vierzehn Tage auf den Weg ins Café Teltschow am Zoo in die Joachimsthaler Straße 1. Dort halten Die Abstrakten mittwochs abends ihre Versammlungen ab. Um die Jahreswende 1924/25 haben sich Wolffs der 1919 von William Wauer aus Herwarth Waldens Sturm-Kreis heraus gegründeten Künstlervereinigung angeschlossen. Sie vereinte die wichtigsten Kunstströmungen des beginnenden 20. Jahrhunderts. Die Abstrakten gehörten dem Kartell der Vereinigten Verbände Bildender Künstler Berlins, an, die ab 1927 die *Große Berliner Kunstausstellung* im Ausstellungsgelände am Lehrter Bahnhof durchführte. Auch die Wolffs zeigten dort ihre Werke.

Die Hochzeit von Max Lewy und Elsa Kahn findet am 7. August 1925 statt. In Anwesenheit des Rabbiners unterschreibt er den in aramäischer Sprache verfassten Ehevertrag. Ihr Sohn Werner wird im Jahr darauf geboren. Jacob Loevy war 1919 mit seiner Ehefrau Flora, seiner verwitweten Schwester Julie und deren Sohn Max Lewy in die Mommsenstraße 6 gezogen, Vorderhaus, Parterre rechts: Vier Zimmer, Küche, Bad, Mädchenzimmer, Wintergarten. Die Wände des Wohnzimmers waren in zartem Flieder gehalten, dekoriert mit einer Bordüre aus grünen Blättern, wie wir bei der Renovierung unseres Wohnzimmers entdeckten. Max Lewy war in Hohensalza, Provinz Posen geboren. Nach Abtretung der Provinz Posen an Polen wurde er »von den Polen derartig chikaniert« (sic), schrieb er in einem Lebenslauf, »dass ich unter Verlust meines Vermögens nach Berlin flüchtete«. Elsa Kahn wurde mit ihren Eltern von den Franzosen aus Straßburg vertrieben. Lewy gründet 1921 eine Landesproduktenhandlung und wird als Proprehändler zur Börse zugelassen. Seine Frau tritt als Kommanditistin mit einer Einlage von 40.000 RM in die Firma ein.

Ein lauter Knall schreckt die Menschen im Haus am frühen Morgen auf. Am 28. Juli 1926, ein Mittwoch, wolkig mit viel Regen. Henny, Georg Lappes Ehefrau, hat Geburtstag. Ein Grund zu feiern. Doch der 48-jährige Georg Lappe liegt tot in der gemeinsamen Wohnung. Bei Dr. Kurt Richter, der seit zwei Jahren im Haus wohnt, klingelt es Sturm. Richter ist Nervenarzt und hat eine Heilanstalt für Nerven- und Herzkranke in der Kantstraße 10. War Lappe sein Patient? »Er müsse sofort kommen.« Richter eilt herbei. Er beugt sich über die Leiche und beginnt mit der Totenbeschau: »Bei Herrn Georg Lappe, Mommsenstraße 6 habe ich heute Morgen um 7.15 den Tod festgestellt. Todesursache: Schussverletzung an der rechten Schläfenseite. Dr. Kurt Richter.« Fünf Jahre, bevor er mit seiner Frau Henny ins Haus gezogen war, hatte Georg Lappe am 1. Januar 1908 in Berlin mit zwei Partnern einen Handel mit überseeischen Hölzern gegründet. Die Geschäfte liefen so gut, dass sie 1917 eine Zweigniederlassung unter dem Namen »Dampfsägewerk Concordiamühle Lappe & Schönfeldt« errichteten. Der in Breslau geborene Georg Lappe hatte die Berlinerin Henny Tausk geheiratet und war Mitglied der Jüdischen Gemeinde zu Berlin. Wie häufig bei jüdischen Familien wohnte die Verwandtschaft in fußläufiger Nähe. Es zeigt die Neigung jüdischer Familien, sich ins Familiäre zurückzuziehen, als einzige Sicherheit, entwickelt nicht zuletzt durch das Leben von Generationen in der Diaspora.

Der Portier Max Thum wechselt Namensschilder im »Stillen Portier«. 1926 zieht Rechtsanwalt Dr. Ernst Selten mit seiner Frau ein. Er betreibt eine erfolgreiche Anwaltspraxis. Sein jährliches Einkommen lag laut Mitteilung der Rechtsanwaltskammer Berlin, 1960 für das Entschädigungsverfahren erstellt, bei 20.000 bis 30.000 RM. Als »besonders gut und gepflegt gekleidet« beschreibt ihn darin sein ehemaliger Mitarbeiter Mautner. Ernst Selten war gebürtiger Charlottenburger und Mitglied der Jüdischen Gemeinde zu Berlin. Verheiratet war er mit der aus Köpenick stammenden Elsa Lustig. 1927 wird ihr einziges Kind Fritz Georg geboren.

Fritz Wolff: Kunst als Waffe

Der Putschversuch unter Adolf Hitler und Erich Ludendorff am 8. und 9. November 1923 und in dessen Folge der ab Frühjahr 1924 in München stattfindende Prozess wegen Hochverrats treibt Fritz Wolff dazu, seine Mittel gegen nationalistisch-chauvinistische Hetze einzusetzen. Mit Karikaturen zeichnet er gegen Hitler, gegen die NSDAP und gegen alles Völkische an. Als Forum nutzt er die Satirezeitschrift *Lachen Links*, herausgegeben von der SPD im parteieigenen Dietz-Verlag.

Für sie fertigt Wolff eine Karikatur mit der Überschrift *Der gemästete Schmussolini* an. Darunter: »Zeitungsnotiz: ›In Landsberg [wo Hitler inhaftiert ist] türmt sich ein ganzes Warenlager von Spenden an Lebensmitteln usw‹«. Die Karikatur zeigt Hitler auf einer Bank sitzend, mit vollgefressenem Leib kurz vorm Platzen. Vor ihm köstliche Gerichte, hinter ihm ein Fenster mit einem Hakenkreuz als Gitter und eine Tür mit Girlande und Hakenkreuz. Darunter steht: »Hitler: Herrgott, wenn ich weiter so zunehme, dann komme ich überhaupt nicht mehr aus meiner Zelle raus!«

Eine andere Karikatur zum Prozess zeigt einen Gerichtssaal. Die Satire ist tiefgründig komponiert. Er karikiert sich selbst als Angeklagten. Den Ankläger lässt er sagen: »Der Angeklagte ist zwar zweifellos des Lustmordes schuldig, aber da er der nationalsozialistischen Partei angehört, müssen wir die ehrenhaften Motive berücksichtigen, die ihn zu der scheußlichen Tat bewogen haben. Ich beantrage ein Jahr Festungshaft unter Bewährungsfrist!« Das Publikum im Gerichtssaal ist weiblich. Als Anspielung hat Wolff die Hüte und Accessoires der Damen braun gemalt.

Der Antisemitismus hatte neuen Nährboden gefunden. Sein Leben lang bekämpfte ihn Fritz Wolff. Anlässlich der Reichstagswahl am 4. Mai 1924 agitierte eine Flugschrift *Von den politischen Dummköpfen* der Vereinigten Sozialdemokratischen Partei Deutschlands gegen den Antisemitismus. Die Flugschrift, mit einer Zeichnung von Fritz Wolff auf dem Titelblatt: Ein »deutscher Michel«, dem ein uniformierter Völkischer mit Monokel eine Brille aufsetzt, die Gläser mit Hakenkreuzen bemalt. Der dazugehörende Text lau-

tet: »Diese politischen Dummköpfe [...] waren zufrieden, wenn die ›Edelsten der Nation‹ ihnen eine Brille auf die Nase setzten, und diese Brille hatte eine ganz merkwürdige Eigenschaft. Wer sie trug, sah nur das, was nach dem Willen der Edelsten die Brillenträger sehen sollten. Und was sahen sie nun, diese Brillenträger? Sie sahen,

dass überall im Lande Menschen mit krummen Beinen und krummen Nasen und schwarzen Hängelocken herumliefen, Millionen und Millionen. Es gab zwar im ganzen Land von diesen Krummnasigen nur ganz wenige. Auf hundert Geradnasige kam noch nicht ein Krummnasiger, so hatten es die Gelehrten des Landes ausgerechnet, aber die unglücklichen Brillenträger sahen überall und an allen Orten die mit den Hängelocken, und sie glaubten, dass die ihnen überall das Brot wegnähmen, und dass die an allem Unglück Schuld wären, und dass es am besten wäre, alle samt und sonders, die da wehmütige Beine hatten und einen wehmütigen Rücken dazu, aus dem Lande zu treiben. Dann würde es besser werden.« Die Flugschrift fordert: »Weg mit dieser Brille!«

Versuchsfeld der Moderne

Die Einführung der »Rentenmark« im November 1923 führte zu einer Phase »relativer Stabilität«, und der Kurfürstendamm avancierte mit seiner Glitzerwelt zum Inbegriff der Goldenen Zwanziger. »Vom Kurfürstendamm aus gesehen, wirkt die Stadt auf mich wie ein funkelndes Kleinod, abends glänzt sie in einer Pracht, wie Paris sie nicht kennt«, offenbarte Josephine Baker 1926 nach ihrem Auftritt im Nelson-Theater. Nachkriegsjahre und Inflation hatten bei Teilen der Bevölkerung zu einer Umwertung aller bisherigen Werte geführt. Man frönte dem Hedonismus und lebte im Augenblick. Der Kurfürstendamm wurde zum Experimentierfeld einer Moderne, die viele überforderte und auch auf Kritik und Ablehnung stieß.

Das liberale Bürgertum war Teil der Moderne, offen für gesellschaftlichen Fortschritt. Die Freunde Leo Blech, Oscar Bie und Nikolaus von Reznicek sitzen bei einem ihrer abendlichen Treffen zusammen und diskutieren über die Denkschrift *Unzucht zwischen Männern* des Sexualwissenschaftlers Magnus Hirschfeld. Die 1925 vorgelegte Schrift wandte sich gegen den Paragraphen 175, der Homosexualität unter Strafe stellte. »Das gehört abgeschafft.« Die Freunde unterschreiben die Petition des Wissenschaftlich-humanitären Komitees am Institut für Sexualwissenschaften. 1929 schien die Abschaffung eine Formalität zu sein, die nur noch der Lesung im Plenum bedürfte, nachdem der Rechtsausschuss des Reichstages seine Zustimmung gegeben hatte. Doch es kam nicht mehr zur Lesung. Erst 1994 wurde der Paragraph in der Bundesrepublik Deutschland abgeschafft.

Der Paragraph 218, der die Abtreibung unter Strafe stellte, war gleichfalls Gegenstand oft erbitterter gesellschaftlicher und politischer Auseinandersetzungen. Die Künstlergruppe Die Abstrakten/Die Zeitgemäßen, der Else und Fritz Wolff angehörten, griff das Thema auf. Als die Schutzpolizei 1931 aufgrund der Notverordnung ein Bild von Alice Lex Nerlinger, betitelt *§ 218,* aus einer Ausstellung entfernte, protestierte die Gruppe gegen die Zensur und forderte am 26. Mai 1931 den Reichsverband bildender Künstler auf, etwas gegen die »willkürliche Einschränkung der künstlerischen Freiheit« zu unternehmen.

Mit der *Funk-Stunde* ging am 29. September 1923 um acht Uhr abends das Medium Radio in Berlin auf Sendung. Leo Blech wusste den technischen Fortschritt sofort für sich zu nutzen: 1926 konnten die Hausbewohner ihn in der *Funk-Stunde* hören, wie er Jacques Offenbachs *Orpheus in der Unterwelt* dirigierte.

Noch feierte der Stummfilm große Triumphe. Im Kino Alhambra am Kurfürstendamm 68 hatte 1922 die Welturaufführung des ersten Tonfilms *Der Brandstifter* stattgefunden. Als Franz Schreker 1932 die ersten Konzert-Tonfilme im deutschsprachigen Raum mit dem Titel *Das Weltkonzert* initiierte und sechs Filme drehte, ist Leo Blech wieder dabei und dirigiert das Vorspiel aus Wagners *Die Meistersinger.* Ein neues Filmgenre wird die Tonfilmoperette. Oscar Bie schwärmt 1931 über Erik Charells und Werner Richard Heymanns *Der Kongress tanzt*: »Ein Traum oder ein Film? Endlich ist es dasselbe, endlich läuft das Bild so ohne Nähte, ohne Pausen, ja ohne Kausalität ineinander, wie es uns manchmal der Schlaf schenkt.«

Leo Blech kehrt 1926 an die Staatsoper zurück, »die schöne Wiege meiner Freuden«, wie er sie 1948 in einem Brief an Tietjen nennen wird, die unter seiner Leitung, gemeinsam mit Erich Kleiber, dem Künstlerischen Leiter, in den Goldenen Zwanzigern ihren Zenit erlebt. Selbstbewusst erhebt Blech Ansprüche, die er beim Abschluss eines neuen Vertrages im Jahre 1928 durchsetzen kann, einschließlich eines Ruhegehaltes von jährlich 12.000 RM.

Zu denen, die das Leben genießen, gehören Erna und Paul Fiegel. Ein Foto zeigt Erna kostümiert, auf der Rückseite steht »Reimann Ball Berlin«. Ein Journalist beschreibt ihn als »Quintessenz Berliner Amüsiervergnügens«. Er fand jährlich zur Faschingszeit in den Gesellschaftsräumen am Zoo als *Gauklerfest* statt. Marlene Dietrich, Anna May Wong und Leni Riefenstahl stellten sich 1928 im prachtvollen Marmorsaal im Zoo für den Fotografen in Positur. »Alles ist da! Bei Reimann kann man, wenn man Pech hat, seine komplette Vergangenheit versammelt finden. Man trifft Leute, denen man sonst ängstlich zu begegnen vermeidet«, schreibt der Kritiker Pem [d.i. Paul Marcus] 1926 in seinem Essay *Reimann-Ball*

Das dominierende Kostüm für die diesjährigen Kostümbälle.

in der Zeitschrift *Der Junggeselle.* Die größte und modernste private Kunst- und Kunstgewerbeschule in Berlin, die Reimann-Schule, war Veranstalter. Mit den Überschüssen aus den Erlösen wurden Stipendien für begabte mittellose Schüler vergeben.

Oscar Bie war nicht nur Kenner, sondern auch Förderer der Avantgarde. Neue Strömungen in der Musik, Ausdrucksformen im Tanz, schätzte er und beschrieb sie zutreffend. Die Tänzerinnen Grete Wiesenthal, Anna Pawlowa, Valeska Gert und Enfant terrible Anita Berber hob er in den Himmel.

Den gerade 20-jährigen Kurt Weill brachte Bie mit dem in Deutschland lebenden italienischen Komponisten Ferruccio Busoni zusammen. Der nimmt Weill 1921 in seine Meisterklasse auf. Nach der Aufführung von Weills Opern-Erstling *Der Protagonist* ist Bie begeistert: »Das ist der Schritt des Schülers über den Meister Busoni hinaus.«

Den Sound des Kurfürstendamms bestimmen Theatermusiken, Revuen und Kabarett-Opern von Mischa Spoliansky. Der spielt in den 1920er Jahren Klavier in einer der verruchtesten Orte Berlins, dem Kakadu, einer Bar, in einer Seitenstraße des Ku'damms gelegen. Auch Bie schaut dort rein und stellt anerkennend fest, Spolianskys Musik sei »nicht nur gut, sie ist eine Klasse für sich«.

Den Nationalsozialisten waren avantgardistische Kunst und Kultur, die sich auf den Kurfürstendamm fokussierte, ein Dorn im Auge. Sie galt ihnen als »undeutsch«, und »dekadent«. Die SA nutzte den Kurfürstendamm, den sie als »Cohnfürstendamm« beschimpften, als Bühne für ihre gewalttätigen Auftritte. Ermuntert wurde sie von Joseph Goebbels, der am 1. November 1926, gerade 29 Jahre alt, als Führer des Gaues Berlin der NSDAP eingesetzt worden war. »Goebbels? Nie gehört! Wer ist das?« Das waren die Reaktionen derjenigen, die seinen Namen erstmals zu hören bekamen. Schon bald wird er in aller Munde sein.

Vorboten

Minus 26 Grad. Die meteorologische Station Dahlem misst am 11. Februar 1929 einen der kältesten Winter des Jahrhunderts. Wie ein Vorbote der kommenden Krise. Als »Schwarzer Freitag« geht der 24. Oktober 1929 in die Geschichte ein. Knapp drei Wochen danach zog die NSDAP mit 13 Abgeordneten erstmals in das Stadtparlament ein. Der Aufwärtstrend der NSDAP verstärkte sich mit den Reichstagswahlen 1930 und 1932. Die liberale DDP, Vertreterin des parlamentarischen Systems und entschiedene Gegnerin des Antisemitismus, versank in der Bedeutungslosigkeit. Der »Schwarze Freitag« war Auftakt der Periode, die nur wenige Jahre später das Ende der Republik zur Folge haben wird.

Leo Blech in der Bleibtreustraße, 1932

Ein Jüdisches Adressbuch

Das erstmals zum Jahreswechsel 1929/1930 erschienene *Jüdische Adressbuch* kündet vom Selbstbewusstsein der Berliner Judenschaft. Die jüdischen Hausbewohner konnten vom Erscheinen des Adressbuches nicht überrascht gewesen sein, denn den Gedanken hatte der Verlag in die Jüdische Gemeinschaft hineingetragen, so steht es im Vorwort. Verzeichnet waren darin die jüdischen Haushaltsvorstände Jacob Loevy, Max Lewy, Max Jacob, Abraham Isaacsohn, Hugo Lauterbach, Samuel Proskauer, Ernst Selten, Fritz Wolff sowie die Witwen Henny Lappe, Julie Lewy und Clara Jacob.

In der Öffentlichkeit habe der Gedanke, so das Vorwort, »verschiedenen Widerhall gefunden«. Denn »diejenige Richtung, die nach völliger Assimilation, nach Auflösung alles Jüdischen strebt, wird naturgemäß gegen ein jüdisches Adressbuch schärfsten Protest erheben«, heißt es dort. »Es wird gewiß auch einzelne Juden geben«, so weiter, »die sich gegen ein jüdisches Adressbuch wehren, weil sie nicht wünschen, sich gedruckt als Juden bezeichnet zu sehen«. Dass es derartige Einwände geben könnte, hielt den Verlag, der wirtschaftliche Interessen verfolgte, nicht davon ab, »aus öffentlichen uns zugänglichen Quellen zu schöpfen«, und ein Verzeichnis der jüdischen Einwohner zu erstellen, ohne die Aufgeführten um Erlaubnis zu fragen. Allerdings hatte der Verleger, bis heute unbekannt wie auch der Verlag, auf den Eintrag von Personen jüdischer Abstammung verzichtet, die die Jüdische Gemeinde verlassen hatten und zum Protestantismus übergetreten waren. Oscar Bie, Leo Blech, Clara Lehmann und Selma Wechsler findet man daher im *Jüdischen Adressbuch* nicht.

Was werden die jüdischen Hausbewohner davon gehalten haben, dass Redaktion und Verlag unterstellten, sie gehörten zu denen, die den »Weg der Abkehr vom Judentum« gingen, und was davon, dass der Verlag keine Rücksicht darauf nahm, dass sie vielleicht nicht wünschten, als Jude genannt zu werden? Dass es kritische, warnende Stimmen gab, belegt das Vorwort zur zweiten Ausgabe des *Jüdischen Adressbuches für Groß-Berlin* für die Jahre 1931/1932, in dem es heißt, dass der Verlag auf den Widerspruch derer gefasst gewesen sei, »denen der Gedanke, ein jüdisches Adressbuch zu verlegen, in der Zeit, in der wir leben, wenig passend erschien«.

Leo Blech: Auf dem Gipfel des Ruhms

Erich Kleiber steht im Gartenhof des Hauses auf einer mit Stoff bedeckten Kiste wie auf einem Dirigentenpult und wendet seinen Blick nach links in Richtung der Treppe zum Aufgang des Gartenhauses, als stünde da jemand, dem es seine Aufmerksamkeit zu schenken gilt. Vor ihm stehen die Blechbläser der Staatskapelle, dahinter im Hofeingang Dienstmädchen, die das Treiben neugierig beobachten. Das Foto, das diese Szene festgehalten hat, ist am 21. April 1931 aufgenommen worden. Leo Blech feiert seinen 60. Geburtstag, und seine Kapelle bringt ihm ein Ständchen.

Blech wird mit Ehrungen überhäuft, die Gratulanten geben sich die Klinke in die Hand. Die Staatsoper gibt für ihn ein Festbankett. Der illustre Kreis der Gäste an seinem Tisch ist auf einem Foto in der *Berliner Illustrirten Zeitung* abgebildet. Auch an diesem Tag dirigiert der Jubilar die *Carmen* in »seiner« Oper, die Berliner nannten sie scherzhaft »Blech-Dose«. Sogar die Provinzblätter berichteten. Das zeigt ein Album mit Zeitungsausschnitten. Er hat es für seinen Sohn signiert: »Dies Buch gehört Wolfgang. Leo«.

Fritz Eschen besuchte Leo Blech anlässlich seines 60. Geburtstages, um Aufnahmen von ihm zu machen. Alle Aufnahmen entstanden vor Blechs Schreibtisch, vor dem er auf einem Sessel saß, wobei er konzentriert auf ein vor ihm liegendes Notenheft blickte, oder sich zur Seite drehte, um direkt in die Kamera zu blicken. Blechs Rollschreibtisch ist akribisch aufgeräumt. Daneben steht griffbereit ein schwarzes Bakelit-Telefon. An der Wand hängen Porträts, eines von seiner Tochter Lisel, gezeichnet von Fritz Wolff. »Ich bedanke mich in aller Form«, wird Leo Blech den Fotografen Fritz Eschen verabschiedet haben. Das sagte er oft, berichtet uns seine Enkelin Irene Frykholm.

Blech, bereits zu Lebzeiten Legende, wurde im Kriminalroman *Die verschlossene Tür*, geschrieben von acht Autoren, veröffentlicht 1932, zur literarischen Figur. Gleich im ersten Absatz des ersten Kapitels, verfasst vom bekannten Krimi-Autor Frank Arnau, wird Blech verewigt:

»Die Festaufführung der ›Meistersinger‹ war beendet. Die Ovationen des vollbesetzten Hauses zwangen die Sänger und Sängerinnen immer wieder vor die Rampe. Nur ganz langsam lichteten sich die ersten Reihen des Parketts, die bevorzugten Logenplätze. Von den Galerien dröhnten die Applaussalven. Leo Blech verneigte sich – aufmerksame Beobachter zählten mit – zum einundzwanzigsten Mal. Die endlose Reihe der Fahrzeuge, der Omnibusse, der Fußgänger staute sich an allen Kreuzungen Unter den Linden. Neugierige standen immer wieder still, um die Prominenten wenigstens für einen Augenblick zu sehen. Ihre Geduld wurde belohnt. Hans Albers, Professor Einstein, Max Schmeling, Reichskanzler Brüning, Käthe Dorsch – und, aus dem Wintergarten kommend, Adolf Hitler – und dann die endlose Reihe der Leute zweiter Garnitur: es war erhebend.«

Wolfgang und Lisel Blech: Unbeschwerte Jahre

Wolfgang besuchte das um die Ecke in der Bleibtreustraße gelegene Kaiser-Friedrich-Gymnasium, dann das reformpädagogische Werner-Siemens-Realgymnasium in Schöneberg. Nach der Obersekunda-Reife absolvierte er bis März 1924 eine Lehre im Buchhandel. Im Sommer 1925 begleitete er seinen Vater nach Wien, der dort eine Stelle als Co-Direktor der Wiener Volksoper antrat. Wolfgang wurde Sekretär der damals vereinigten Volksoper und Carltheater. Ihr Engagement konnte die angeschlagene Volksoper nicht vor der Insolvenz retten, so dass ihr Gastspiel in Wien schon am 1. Oktober 1925 beendet war.
Der Duzfreund Leo Blechs, Generaldirektor Leo Curth van Endert, holte Wolfgang danach zur Electrola. Ab 1927 war Wolfgang Leiter der Künstler-und Aufnahme-Abteilung. Die immer größer werdende Bedeutung des Tonfilms erkennend, ging er im Oktober 1929 als Verkaufsleiter zur Orchestrola, und von dort als Aufnahmelei-

Wolfgang und Lisel Blech, Weihnachten mit Freunden im Harz, 1929

ter zur Ultraphon. In einer Eidesstattlichen Erklärung, die er 1961 für das Entschädigungsamt abgab, hielt er selbstbewusst fest: »Die berühmte Plattenserie aus der ›Dreigroschenoper‹, wurde bei der Ultraphon unter meiner Leitung aufgenommen.«

Zu seinen Freunden gehörten Musiker wie Herbert Sandberg und Leo Borchard, beide Korrepetitoren bei seinem Vater, Theo Mackeben und Ernst Viebig. Er war der Sohn des Verlegers Fritz Theodor Cohn und dessen Ehefrau, der Schriftstellerin Clara Viebig. Bei der Electrola waren sie Kollegen, aber auch außerhalb waren sie unzertrennlich. Viebig beschreibt 1957 in seinen Erinnerungen *Ernst Viebig – Die unvollendete Symphonie meines Lebens. Einer berühmten Mutter jüdischer Sohn erinnert sich* das Äußere Wolfgangs wenig schmeichelhaft: »Wolfgang war ein nicht sehr schöner Mensch. Er hatte rötlichblonde Haare, fast weiße Augenbrauen und einen unreinen Teint.« Zugleich stellte er neidlos fest: »Er war viel mehr Gesellschaftsmensch als ich und machte stets gute Figur.«

Die Freunde trafen sich abends fast täglich in Theatern, Konzerten, Cafés oder geselligen Veranstaltungen, häufig auch bei sich zuhause: »Er lebte in einer eigenen kleinen Wohnung mit Wohn-

Schlafzimmer mit Bad oberhalb der schönen Wohnung der alten Blechs.« Von hier waren es gerade einmal 200 Meter bis zum Kurfürstendamm 195. Dorthin zog es nicht nur die beiden Freunde immer wieder auf die III. Etage in die 14-Zimmer-Wohnung Artur Moldauers und seiner Frau, dem Stummfilmstar Lee Parry. Moldauer war Miteigentümer des luxuriösen Herrenausstatters Stawropulos und Moldauer, Unter den Linden 21. »Bei Moldauer-Partys haben sie alle verkehrt«, notierte der Journalist Adolf Stein 1931 unter dem Pseudonym »Rumpelstilzchen«, »deren Bilder mit Widmung hier auf dem Flügel oder sonst wo stehen, Ernst von Possert und Werner Krauß, Fritzi Massary und Richard Tauber, Michael Bohnen und Leo Fall, Leo Blech und Paul Wegener.«

Viebig erinnert sich: »Man ging um zehn, elf oder zwölf nachts dorthin in die große Wohnung Moldauers am Kurfürstendamm und traf dort täglich tout Berlin. Es gab zu trinken und zu essen so viel und was man wollte. Moldauer bereitete eigenhändig mit Mühe einen Radieschensalat, der sehr gut war, einem aber noch viele Stunden danach schmeckte. – Der arme liebe Gastfreund, ein anständiger und im Grunde harmloser Mann, nahm sich schließlich 1933 nach dem ›Umbruch‹ das Leben.«

Auch über Wolfgang Blechs Liebesleben schrieb Viebig ungeniert: »Damals hatte er eine große Liebe: Margret Pfahl, Sopran der Städtischen Oper – eine leidenschaftliche, von ihm höchst diskret behandelte Affäre. Andre folgten oder gingen parallel, bis schließlich noch eine sehr lustige Sache passierte: sein Verhältnis zu Kathleen Koch, der bildhübschen Tochter eines Reichswehr-Majors, die ich oft im Bett meines Freundes gesehen hatte, sie dann aber ein letztes Mal wiedertraf – im Vorzimmer des Reichsministers Goebbels als Privatsekretärin dieses hinkefüßigen Lady- und Juden-Killers.«

»Unserem lieben Freund Wolfgang Blech allerherzlichst gewidmet« war der Slow Fox *Ohne Tränen gibt's keine Liebe* von den österreichischen Komponisten Austin Egen, Nico Dostal und Fritz Rotter. Die Idee für die Widmung des Schlagers könnte im Frisiersalon Figaro, entstanden sein, bei dem Fritz Rotter (*Ich küsse ihre Hand Madame*), Austin Egen (*Wenn der weiße Flieder wieder blüht*) und Wolfgang Blech zu den Stammkunden zählten. Einmal wird auch Wolfgang Blech als Komponist genannt, bei dem populären Schunkelwalzer aus dem Jahr 1933 *Dir möchte ich einmal im Mondschein begegnen.*

Bei diesem Salon am Kurfürstendamm 200 war »Freund Wolfgang ohne Zweifel einer der erlauchtesten Kunden«, schrieb Viebig. Der Figaro, war »der einzigste in seiner Art«, so sah das Erich Kästner. Besitzer des Salons war Leo Carsten. *The Australian Woman's Mirror* berichtete 1931: »Herr Carsten, better known as ›Figaro‹, is head of the leading beauty salon in middle Europe ... located on one of the most fashionable streets in the world. He, himself, is well known in Berlin social circles, as well as in the world of beauty science.«

Bei den Damen im Erdgeschoss konnte man Marlene Dietrich, Fritzi Massary, Claire Waldoff und Elisabeth Bergner sehen. In den Herrensalons im 1. Stock Willy Fritsch, Kurt Gerron – und eben Wolfgang Blech und seine Freunde. Knapp und präzise hat Niko Giessen, früher Star-Friseur beim Figaro, in der Zeitschrift *Der Spiegel* 51/1977 »einen der schönsten und größten Salons, die es in Deutschland je gegeben hat«, beschrieben: 84 Angestellte, über 50 Kabinen, eine große Parfümerie, eine eigene Bar, eine große Empfangshalle, eine eigene Telephonzentrale; in jeder Kabine ein Telephon.

»Eines Tages verließ Wolfgang mit kohlschwarzen Augenbrauen das Etablissement«, wissen wir von Viebig, »weil man ihm eine Färbung seiner weißlichen Haare über den Augen anempfohlen hatte. Tagelang ging er nicht aus dem Haus und ließ sich vor niemandem sehen, da sein Gesicht durch die Künste des Figaro, ihn einer Figur aus dem ersten expressionistisch-surrealistischen Film *Das Kabinett des Dr. Caligari* ähnlich machte. So ging er morgens, den Kopf in einen seidenen Schal gehüllt, eilends von seinem Haus, Mommsenstraße 6, wieder zum Figaro, um mit Wasserstoffsuperoxyd wieder die alte albinohafte Farbe der Augenbrauen herstellen zu lassen.«

Zum Freundeskreis Wolfgang Blechs gehörte auch Herbert Sandberg. In den Sommerferien, wenn sich die Familie Sandberg im

Leo Borchard, Lisel Blech, Herbert Sandberg in Landeck, 1927

schlesischen Landeck aufhielt, traf sich hier der Freundeskreis: Herbert Sandberg und seine Schwester Eva, die spätere berühmte Fotografin Eva Siao, der Dirigent Leo Borchard und seine Lebensgefährtin Ruth Behrens, spätere Ruth Andreas-Friedrich – die während der NS-Zeit mit ihrer Widerstandsgruppe »Onkel Emil« vielen Verfolgten helfen konnte – sowie Wolfgang Blech und seine Schwester Lisel. Sie spielten Tennis, hörten Jazz und die neuesten Drei-Minuten-Platten, wie Matthias Sträßner in seinem Buch *Der Dirigent Leo Borchard 1899 –1945* schrieb. Die Freunde Sandberg, Blech und Borchard hatten »im Sommer irgendeine Freundin«, so Eva Sandberg, »Sommerfliegen« nannte sie sie.

Luise Blech, genannt Lisel, wurde 1919 in der Fürstin-Bismarck-Schule in Charlottenburg eingeschult. Sie war ein aufgewecktes Mädchen, Liebling ihrer Eltern und aller Hausbewohner, vor allem des Ehepaars Wolff. Ende Dezember 1927 ging sie von der Schule ab, »Schulüberdruss«, wie ihr Vater vermerkte, erhielt Privatunterricht. Sie spielte Tennis auf den Plätzen hinter dem Halensee-Palast am Kurfürstendamm und trainierte Leichtathletik im Grunewald-Stadion. Ein Foto zeigt sie in einer Trainingspause mit ihrer Freundin und Klubkameradin Nicolante d'Albert, Tochter des Komponisten Eugen d'Albert. An der Staatlichen Akademischen Hochschule für Musik nahm sie im Oktober 1929 ihr Gesangsstudium auf. Wie ihre Mutter wurde sie Sopranistin. Ihre Jugendliebe Herbert Sandberg war 1926 als Kapellmeister nach Stockholm gegangen. Im gleichen Jahr kam der ungarische Pianist Árpád Sándor nach Berlin. Er wurde Musikkritiker beim *Berliner Tageblatt* und zog in eine kleine Wohnung im Gartenhaus der Mommsenstraße 6.

»Sie sang nie auf der Bühne, hauptsächlich im Rundfunk«, erzählte uns Irene Frykholm, Lisel Blechs Tochter. Doch sie stand auch auf der Bühne. Dirigent Kurt Sanderling erzählte in seiner Lebensgeschichte, dass er zu Leo Blech keinen Kontakt hatte, aber zu seiner Tochter Lisel: »Sie hat die Susanne im *Figaro* gespielt, als ich Korrepetitor an der Städtischen Oper war. Ich gab ihr Korrepetitionsunterricht bei ihr zu Hause. Blech saß während der Stunden immer hinter der Tür und hörte zu, ob ich auch die Tempi richtig nahm. Missfallen hat es ihm offensichtlich nicht, denn sonst hätte ich nicht wiederkommen dürfen. Selbst gesehen habe ich ihn dort aber nicht.«

Ihr Rundfunkdebüt gab sie am 18. Oktober 1931 in dem Stück *Zehn Mädchen und kein Mann*. Ein Kritiker schrieb: »Welch musikalisches Feuerwerk, welche Phantasia über der Wüste eines törichten Librettos! ... Es debütierte Lisl Blech, des Generalmusikdirektors Töchterlein. Ihr gepflegter Koloratursopran ist von liebenswürdiger Biegsamkeit, der Ton wird im Herzen gebildet. Eine leichte Befangenheit vor dem Schallkästchen verflog nach wenigen Takten.« Ihr Vater notierte auf dem Zeitungsausschnitt: »Entzückend gesungen.«.

Für die Jugend waren es unbeschwerte Jahre. Doch das Unheil konnten sie schon heraufziehen sehen.

Nazis im Viertel

Die Geschäftsstelle der »Sektion Mommsen« der NSDAP befand sich in der Mommsenstraße 49, IV. Etage. In den Straßenverzeichnissen des *Berliner Adressbuches* ist sie nicht aufgeführt. Ortsgruppenleiter war der Kaufmann Karl Specht, der von 1932 bis 1934 in der II. Etage im gleichen Haus wohnte. Ihm zur Seite stand als Stellvertreter der Herausgeber des *Mommsen-Nazi* Erich Uetrecht, der spätere Leiter des Hauptarchivs der NSDAP.

Nur der Studie *Why Hitler came into power?*, die der amerikanische Soziologe Theodore Fred Abel 1934 durchführte, ist es zu verdanken, dass wir etwas über die »Sektion Mommsen« der NSDAP und das Mitteilungsblatt *Der Mommsen-Nazi* wissen.

Abel hatte alle Ortsgruppen der NSDAP und die Parteipresse angeschrieben und ein Preisgeld für die beste Lebensgeschichte eines Anhängers von Adolf Hitler ausgelobt. Jeder, der der Partei vor dem 1. Januar 1933 beigetreten war, konnte teilnehmen. Die biographischen Berichte, denen Abel entnehmen wollte, warum jemand Nazi geworden war, bildeten die Grundlage seiner Untersuchung. Unter den Hunderten von Manuskripten, die er erhielt, aufbewahrt im Archiv der Hoover Institution, befindet sich auch die einzige Ausgabe des *Mommsen-Nazi* aus dem Jahre 1931. Neben inhaltlichen Beiträgen finden sich darin auch Inserate von Geschäften in der näheren Umgebung, deren Inhaber Nationalsozialisten waren oder der NSDAP nahestanden. Die Liste reicht vom Obst-Gemüse-Eier-Laden (»Parteigenossen, kaufen Sie nur bei Karl Conrad, Gervinusstraße 5«) über Ärzte, Rechtsanwälte und Versicherungen bis hin zur Gastwirtschaft Zum Markgrafen in der Wilmersdorfer Straße 107, einem häufig gemieteten Versammlungslokal, oder dem Ostermann in der Dahlmannstraße 33 mit »Sturmlokal 60/SA« und »Erwerbslosenküche«, ausgegeben von der NS-Frauenschaft der Sektion Mommsen. In der gleichen Ausgabe wird gemeldet, dass Mitte November 1931 ein neues vom Bezirk West herausgegebenes acht Seiten starkes Mitteilungsblatt mit dem Namen *Kampf im Westen* erscheinen wird, den *Mommsen-Nazi* ersetzend.

Die Auseinandersetzungen zwischen der Sturmabteilung (SA) und dem Roten Frontkämpferbund (RFB) nahmen ab Mitte 1930 an Zahl und Schärfe zu. Ein Schwerpunkt der Gewalttätigkeiten in Charlottenburg war der Teil, in dem der SA-Sturm 33, »Mördersturm« genannt, sein Sturmlokal hatte, die Gaststätte Zur Altstadt in der Hebbelstraße 20 [ab 1932 bei Gastwirt Arthur Krüger in der Röntgenstraße 12] und der angrenzende sogenannte »Kleine Wedding« in dem der RFB operierte, dessen Lokal die Ahlerts Festsäle in der Berliner Straße 88 [heute Otto-Suhr-Allee] war. Bei den zahlreichen Anschlägen gab es Tote und Verletzte, etwa im Tanzpalast Eden in der Kaiser-Friedrich-Straße 24, an der Ecke Hebbelstraße/ Schlossstraße, in der Danckelmannstraße und vor den Lokalen von SA und RFB. Für die Bewohner der Mommsenstraße 6 rückten sie immer näher. Die jüdischen Hausbewohner feierten am 12. September 1931 Rosch ha-Schana, den jüdischen Neujahrstag. Als sie am Abend aus der Großen Synagoge in der Fasanenstraße auf den Kurfürstendamm einbogen, sahen sie, dass sich hunderte SA-Männer unter die Passanten gemischt hatten, antisemitische Parolen brüllend, Passanten angreifend, die sie für Juden hielten, Cafés und Geschäfte demolierend.

Wolffs: Wahlkampfpropaganda und Revolutionäre Kunst

In der Lindenstraße in Berlin-Friedrichstadt, im Herzen des Berliner Zeitungsviertels, wo der Centralverein deutscher Staatsbürger jüdischen Glaubens seinen Sitz hatte, war Fritz Wolff häufig anzutreffen. Mit seiner wöchentlich erscheinenden *CV-Zeitung* spielte er eine wichtige Rolle im Kampf gegen den Antisemitismus.

Ab Ende September 1929 besuchte Wolff auch regelmäßig eine Adresse in der Wilhelmstraße, nahe dem Belle-Alliance-Platz. Dort befand sich der Sitz einer Tarnorganisation des C.V., später »Büro Wilhelmstraße« genannt. Sie diente der Erforschung, der Abwehr und der Bekämpfung der NSDAP. Als Musterbeispiel des »getarnten« Wahlmaterials des B.W. nannte der Archivar Walter Gyßling, der dafür verantwortlich zeichnete, eine Broschüre mit dem Titel *So geht's nicht weiter!* Und eine Wahlzeitung *Deutschland erwache*, deren letzte Seite mit der Schlagzeile: »Deutschland erwache – los von Hitler« schloss. Gyßling würdigte Fritz Wolff: »Unser übriges Wahlmaterial fiel vor allem durch die Originalität seiner Form auf. Illustrierte kleine Klebzettel mit Karikaturen und Reimsprüchen, für die uns in Fritz Wolff, dem Bruder Theodor Wolffs, ein genialer Zeichner zur Verfügung stand, all das war im Detail mit großer Sorgfalt hergestellt, originell, bahnbrechend für die Formen der Wahlkampfpropaganda.«

Unter den Mitgliedern des »Kartells« waren Die Abstrakten diejenige Gruppe, die sich am stärksten politisierte und Stellung bezog. Die KPD gewann an Einfluss. Mitglieder der Abstrakten traten ihr nach und nach bei, darunter Paul Fuhrmann, Oscar Nerlinger, Alice Lex-Nerlinger, Peter Laszlo Peri und Thomas Ring. Dem vierköpfigen Vorstand gehörten ab 1928 zwei Mitglieder der KPD an, darunter stets der Vorsitzende, erst Ring, dann Oscar Nerlinger. Einige ihrer Mitglieder traten auch der Assoziation revolutionärer bildender Künstler (Asso) bei.

Dem Protokoll der Sitzung vom 1. Oktober 1930 ist zu entnehmen: »Es entspinnt sich eine Diskussion über Thema und Tendenzeinstellung [bei der Großen Berliner Kunstausstellung] innerhalb der Gruppe. Fritz Wolff beantragt, ein Thema zu stellen, an dem sich jeder beteiligen kann.« Else Wolff schlug das brandaktuelle Thema »Pleiten« vor, das »mehrstimmig für die nächstjährige Große Berliner angenommen« wird. Vierzehn Tage später, am 15. Oktober, wurde auf Druck der KPD-Mitglieder zurückgerudert: »Es folgt eine Diskussion über Themastellung und Weltanschauung. Die Mitglieder sind im Allgemeinen gegen das in der vorigen Sitzung beschlossene Thema ›Die Pleite‹. Es wird wieder das Thema ›Zwischen Eisen und Beton‹ vorgeschlagen für nächstjährige Große Berliner. Abstimmung darüber ergibt einstimmige Annahme«. Ende 1931 nannte sich die Gruppe in Die Zeitgemäßen um. Damit brachte sie ihre politisch-ideologische Haltung ebenso zum Ausdruck wie eine stärkere realistische Ausdruckweise in ihren Arbeiten.

Das Scheitern der Republik

Die Republik war wehrhaft und lange erfolgreich in der Abwehr der Kräfte, die auf ihre Zerschlagung abzielten. Um ihr Bestehen zu garantieren, erließ die Regierung ein »Republikschutzgesetz«, schuf einen »Staatsgerichtshof zum Schutze der Republik«, setzte Reichswehr, Freikorps und Polizei gegen Aufständische ein, verbot bei Bedarf rechts- und linksextreme Parteien und deren Zeitungen, belegte deren Führer mit Redeverboten. Wenn sie dennoch scheiterte, so lag das an der allgemeinen Instabilität der Republik, die über die gesamte Zeitspanne ihres Bestehens anhielt. Die parlamentarische Demokratie wurde mit Notverordnungen ausgehöhlt. In der *Weltbühne* beschrieb Heinz Pol unter dem Pseudonym Jakob Links

1930 die Situation: »Die Demokratie stirbt dahin, weder in Schönheit noch etwa unmerklich, sondern in aller Öffentlichkeit, auch von den Dümmsten bemerkt. [...] In diesen Sekunden leben wir augenblicklich. Niemand wird später verstehen, dass man sie so ungenützt, so widerstandslos verstreichen ließ.«

Am 1. Dezember 1930 konnten die Hausbewohner in der *Frankfurter Zeitung* lesen, es sei eine »Strapazierung der Verfassung«, dass die Regierung die Finanzgesetze mit dem Artikel 48 verordnete. Der Beitrag urteilte, dass Nazis und Kommunisten gemeinsam für das Chaos verantwortlich seien, und folgerte: »Wendet sich der Wille des Volkes nicht bald zur Einsicht und Vernunft, so werden wir tatsächlich die Nationalsozialisten an der Macht sehen.«

Machtwechsel

Am 30. Januar 1933 war Hitler am Ziel: Hindenburg ernannte ihn zum Reichskanzler. »Hitler Reichskanzler. Halb so schlimm.« Seine Steigbügelhalter glaubten, ihn eindämmen zu können. Hatte Papen doch Hindenburg zur Ernennung Hitlers geraten, ihn glauben gemacht, er, Papen, hätte als Vizekanzler genug Einfluss. Hitler sei im Kabinett eingehegt von Konservativen. Und schließlich würde Hindenburg schon aufpassen. »Ruhig abwarten.« Das war die Parole derjenigen, die dazu rieten, sich in Geduld zu üben, so auch der langjährige CV-Direktor Ludwig Holländer in seiner Stellungnahme zu Hitlers Ernennung zum Reichskanzler. »Endlich geht's aufwärts.« Das sagten die Nationalsozialisten, und die, die ihnen glaubten. »Das geht nicht gut«, sagten die Gegner Hitlers und seiner »Bewegung«. Doch bald hörte ihnen keiner mehr zu.

Wer im Haus das Radio am 6. Februar 1933 eingeschaltet hatte, hörte die Zeremonie zur Trauerfeier für den SA-Sturmführer Hans Maikowski. Nach der Machtergreifung zogen Nationalsozialisten in Triumphzügen zur Wilhelmstraße. In den Fenstern standen Hitler und Hindenburg. Das Bild hat sich im Gedächtnis eingebrannt: Widerschein der Fackeln, Hakenkreuzfahnen, Gesänge: »SA marschiert«. Der SA-Sturm 33 war auch dabei. Zurück in Charlottenburg marschierte er in die Wallstraße [heute Zillestraße], eine Hochburg der Kommunisten. Maikowski und der Wachtmeister Josef Zauritz wurden erschossen. Hitler, Göring und der Kronprinz nahmen am Staatsbegräbnis im Berliner Dom teil. Goebbels hielt die Rede.

Wie die Anwohner der Mommsenstraße den Marsch der SA erlebten, erzählt der Schauspieler Carl Raddatz, der anlässlich eines Gastspiels 1933 bei dem Universitätsprofessor Max Rosenberg und seiner Frau Henriette in der Mommsenstraße 22 wohnte, 1983 dem Autor Walter Kempowski, abgedruckt in *Die Zeit:*

»... und ich erinnere mich eines Nachts, dass man dann tschuckedischucke hörte und Gesang, und dann kam's langsam näher, und dann formte sich das auch fürs Ohr, man erkannte, was sie sangen, und dann – ›wenn das Judenblut vom Messer spritzt‹ – zackzackzackzackzack, und nebenan hörte ich, wie die auf einmal das Licht anknipsten, und ich hörte die wispernden Stimmen von diesen Rosenbergs da, von dem Ehepaar, und ich hörte auch, wie sie die Jalousien hochzogen, und wie sie nach einer Weile wieder heruntergelassen wurden, und der Gesang, der verhallte dann da in den Straßen, die Marschtritte, die wurden immer leiser und leiser, es war etwas Unheimliches, es war so, wie wenn die Wachen von Alba im ›Egmont‹ durch die Straßen ziehen, die Bürger verdrücken sich in die Ecken, es hatte etwas Unheimliches, es hatte etwas Bedrohendes.«

Gehen oder Bleiben 1933

Die jüdischen Hausbewohner Alma und Max Jacob, Anna und Abraham Isaacsohn mit ihrem Sohn Franz, Ernst und Elsa Selten mit ihrem Sohn Fritz Georg sowie Else und Fritz Wolff verstanden sich als Bürger des Deutschen Reichs mit eigener Religion. Doch der institutionalisierte Antisemitismus mit Berufsbeamtengesetz, Ariernachweis und Boykottkampagnen erhöhte den Druck und sollte sie zum Verlassen des Landes drängen. Sie fragten sich, ob sie und ihre Kinder in diesem Reich, von dem sie nicht wussten, wie lange es Bestand haben würde, noch eine Zukunft haben könnten. Während der wilhelminischen und der republikanischen Zeit hatten sie in einem Rechtsstaat gelebt und konnten trotz aller antisemitischen Angriffe die erreichte Gleichberechtigung als gesichert ansehen. Die Hoffnung auf den deutschen Rechts- und Kulturstaat blieb. Warum sollten sie den »Wanderstab der Urahnen« ergreifen? Gerade in Charlottenburg lebten viele jüdische Bürgerinnen und Bürger, was ihnen Geborgenheit und für einige Hausbewohner auch familiäre Nähe vermittelte.

Bernd Fiegel, Sohn von Erna und Paul Fiegel, durfte die Erwachsenen mit seinem Freund Max Kochmann, der um die Ecke in

Bernd Fiegel, Max und Rudi, 1933

der Bleibtreustraße 15/16 wohnte, nach Mannheim begleiten. Dort wohnte Erna Fiegels Schwester Helene Dannenbaum mit ihrem Mann Adolph und seinem Sohn Rudolf, die bald darauf in das Haus der Kochmanns ziehen werden. Die drei Jungen ließen sich am 5. August 1933 fotografieren: Bernd, Max und Rudi sitzen in einer offenen einmotorigen Propellermaschine, »Passagierflug« steht über der Tragfläche, sie tragen Lederhelme und blicken voller Stolz in die Kamera. Auf der Rückseite steht: »Der erste Flug!« Alles schien wie immer zu sein. Doch die ersten jüdischen Bürger, vor allem aus politischen Gründen Verfolgte, verließen das Land.

Welche Verzweiflung Leo Blech und seine Frau Martha verspürten, hat er im Erinnerungsbuch festgehalten:

»Es ist das Schrecklichste von allem, sich vorwerfen zu müssen, geliebte Kinder erzeugt zu haben. Heute (2/4 1933) hatte ich zum ersten Mal den Gedanken, dass es für meine Kinder und meine Frau eine Erleichterung wäre, **wenn ich, der Jude**, nicht mehr lebte.« [Hervorhebung, Leo Blech]

Seine Nachbarn Else und Fritz Wolff packen Koffer. Man kann sich vorstellen, dass sie sich mit Freunden und Familie beraten haben, was zu tun ist. In der Nacht vom 27. auf den 28. Februar hatte der Reichstag gebrannt und Hindenburg noch am gleichen Tag die »Verordnung des Reichspräsidenten zum Schutz von Volk und Staat« erlassen, eine Notverordnung, die sich auf Art. 48 der Weimarer Reichsverfassung, stützte: Damit setzten die neuen Machthaber die Bürgerrechte außer Kraft. Zehntausende wurden verhaftet. Die Wolffs wissen, was auf sie zukommen wird. Der NSDAP waren ihre Aktivitäten nicht verborgen geblieben. Nur einen Tag später, am 1. März, einem Mittwoch, fliehen sie nach Paris. Sie sind die ersten aus dem Haus.

„Ich verlasse Deutschland!" Ein Volk, das der völkischen Dummheit entsagt, das ist kein Volk mehr für mich!"

Diesen Satz lässt Fritz Wolff in einer Karikatur, 1924 hat er sie gezeichnet, einen feisten, gut gekleideten Mann sagen. Jetzt müssen sie Deutschland verlassen, weil das Volk der völkischen Dummheit nicht entsagt.

»Fritz Wolff, der nicht nur als Jude, sondern als politischer Gegner seine an Verachtung grenzende Ablehnung des Hitlerregimes in seinen Reden und schlagkräftigen Karikaturen in Presse und Witzblättern zum Ausdruck gebracht hatte«, schrieb sein Freund Bern-

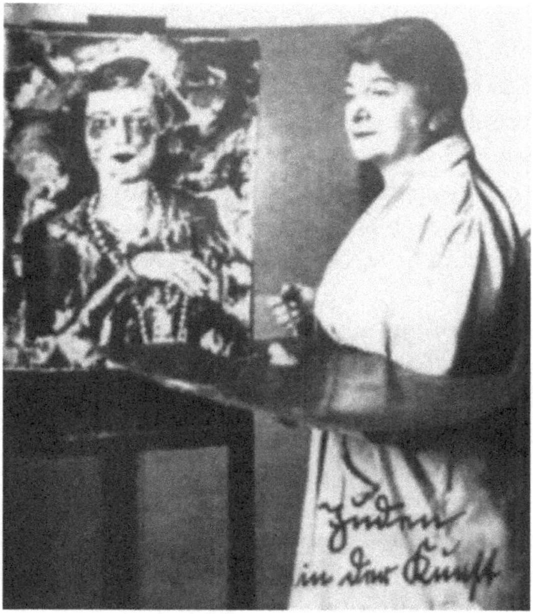

Else Wolff, abgebildet in einer Nazischrift

hard Jolles, »wäre schon sehr früh ein Opfer der Naziverbrecher geworden, wenn er nicht bei Zeiten das Dritte Reich verlassen hätte.« Else Wolff wurde regelrecht an den Pranger gestellt. In Goebbels Machwerk von 1933, *Das erwachende Berlin*, ist ein Foto mit der Aufschrift »Juden in der Kunst« abgebildet, auf dem wir sie identifizieren konnten. Auf der Staffelei neben ihr steht ihr Gemälde von Lisel Blech. Der Text am Seitenende lautet: »Die Juden erobern Kunst und Malerei. Ausstellungen werden angefüllt mit den Ablagerungen ihrer kranken Gehirne.«

Die Wolffs reisten mit leichtem Gepäck. Es sollte kein Abschied für immer sein. Sie erwarteten, dass die Hitler-Regierung, wie die Präsidialregierungen davor, bald am Ende sein würde. Ihre Wohnung in der Mommsenstraße 6 behielten sie. Am 1. Juli 1933 schrieb Fritz Wolff auf dem Briefpapier des Hotels Odessa, Rue d'Odessa, wo sie vorläufig wohnten, an seinen Bruder Theodor:

»Nun sind wir schon fast 4 Monate von Berlin weg, aber ich müsste lügen, wenn ich erzählen würde, wie sehr ich schon Pariser geworden bin. So herrlich die Stadt auch immer wieder ist, man ist eben doch der Fremde. Und wahrscheinlich auch nicht mehr jung genug, um sich noch einmal so ganz umzukrempeln. Täglich kaufe ich den ›Temps‹, der über deutsche Zustände noch die beste Auskunft gibt, und täglich schaue ich darin nach der Taube mit dem Ölzweig aus, die das Fallen der Hitler-Gewässer anzeigen soll. Denn wenn diese Flut abebbt, wollen wir nach Berlin in unsere Wohnung zurück. Den Mut, die Möbel herkommen zu lassen, eine kleine Wohnung zu mieten und zu sagen, hier bleibe ich, der hat sich noch nicht gefunden.«
Die Flut ebbte nicht ab. Sie gaben die Hoffnung auf eine Rückkehr auf. Am 30. Juli schrieb er seinem Bruder:

»... ich [habe] manchmal Sehnsucht nach der Mommsenstraße, wo unsere hübsche Wohnung, unsere Arbeiten, unsere Möbel vergeblich auf die Herrschaft warten. Offen gestanden glaube ich nicht mehr an die Rückkehr, die allgemeine Vergiftung frisst sich wohl zu tief in das ganze Volk ein. Freilich wird das Erwachen aus diesem Wahnsinnsrausch eines Tages furchtbar sein. [...] Ob richtig oder falsch – ich kann es nicht beurteilen, habe aber wohl das richtige Gefühl, dass sich das Ganze auf dem Buckel der Juden abspielt. Jeder Tag an dem die Jungens da weiter regieren, ist für uns ein Unglück.«

Sie wohnten weiter im Hotel Odessa in Montparnasse. Ihre Freundin Else Lasker-Schüler schrieb im September 1933 aus ihrem Züricher Exil an Klaus Mann in Paris und bat ihn, Grüße an Wolffs, ihre »liebsten Spielgefährten«, auszurichten.

1936 bezogen Wolffs eine Wohnung in 14, Rue Le Dantec, 13. Arrondissement.

Veränderte Struktur: Spaltung der Bewohnerschaft

Ein neuer Hauswart, Richard Arlt, von 1935 bis 1939, wechselt Namensschilder aus. Die Berufsstruktur der Bewohner blieb in den 1930er Jahren weitgehend erhalten. Was sich veränderte, waren Berufsbezeichnungen, denn jetzt gab es eine Betriebsführerin und einen Gruppenführer. Künstler und Intellektuelle wurden weniger. Dafür zog alter Adel ein mit Ernst Stoessel von der Heyde und seiner Frau Elisabeth, geb. von Bülow, sowie Hugo Freiherr von Zobel zu Giebelstadt und seiner Frau Gisela, geb. Freiin von Richthofen.

In den 1930er und 1940er Jahren zogen Männer ein, die unter dem Trauma des verlorenen Krieges litten, dem Verlust ihrer Heimat und ihrer beruflichen Lebensträume. Nach der Demobilisation hatten der Flugmeister Arno Franke, der Hauptmann Ernst Stoessel von der Heyde, der Rittmeister Hugo Freiherr von Zobel zu Giebelstadt und der Leutnant A. William Eisen den Dienst quittieren müssen. Sie hatten sich Freikorps angeschlossen: Ernst Stoessel von der Heyde der Garde-Kavallerie-Schützen-Division, zur »Bekämpfung der inneren Unruhen«, danach Steuerobersekretär und Expedient beim Landesfinanzamt Berlin, dann Selbständiger; Hugo von Zobel einem Freikorps, dann Lehre bei einer Versicherung; A. William Eisen dem Freikorps Lüttwitz, dann Jura-Studium und Rechtsanwalt; Hugo Matthias aus Posen und Max Lewy aus Hohensalza hatten ihre Heimat verlassen müssen, weil sie nach der Abtretung der Ostgebiete als Deutsche drangsaliert worden waren.

Im Haus gab es nun zwei Gruppen von Mietern. Die eine gehörte der von den Nationalsozialisten verordneten »Volksgemeinschaft« an, die andere war aus ihr ausgeschlossen. Der jüdische Alltag war fortan von einem permanenten Ausnahmezustand geprägt. Die Veränderungen im Alltagsleben waren für jeden sichtbar.

Ein Nebeneinander deutsch-jüdischer Hausbewohner und solcher, die der NSDAP angehörten, gab es im Haus nach der Machtergreifung zunächst in begrenztem Umfang. Bis 1939 gehörten drei Hausbewohner der NSDAP an. Zum Jahreswechsel 1932/33 zog der Kaufmann und Major d.R. Ernst Stoessel von der Heyde ein, der der NSDAP im Februar 1932 beigetreten war. Weitere NSDAP-Mitglieder waren der Kaufmann Rolf Bünger, der 1935 einzog, und der Versicherungsangestellte Fritz Georg Zimmermann, der 1938 ins Haus kam. Unter den 14 Haushalten zum Zeitpunkt der Machtergreifung waren fünf, deren Bewohner der jüdischen Religion angehörten, die Familien Jacob, Isaacsohn, Lewy, Selten und Wolff. Nach der NS-Rassenideologie gehörten auch Leo Blech, Clara Lehmann und Selma Wechsler dazu. Jüdische und nichtjüdische Familien hielten sich im Haus die Waage. Während Wolffs flohen und die Familien Levy und Selten in Berlin umzogen, kamen 1935 die jüdischen Ehepaare Wolkenberg und Fiegel und 1936 die Familie Neumann neu dazu. Noch war das häusliche Umfeld ein Schutzraum.

Vernichtung der beruflichen Existenz

Die Hochschule für Musik, an der Oscar Bie lehrte, verleumdeten die Nationalsozialisten als »musikbolschewistisch« und »verjudet«. Für einen »Mann der Feder« wie Bie war es tragisch, dass er nicht mehr publizieren und seine Bücher nicht neu aufgelegt werden durften. *Meyers Lexikon* von 1936, in das Bie schon zu Lebzeiten mit einer Biographie aufgenommen war – niemand sonst unter den berühmten Hausbewohnern –, diffamierte ihn »als Kritiker an jüdischen Zeitungen, im Sinne des Kulturverfalls [...]«.

Justizrat Abraham Isaacsohn und Rechtsanwalt Ernst Selten verloren ihre Notariate, denn Beamte, die nicht »arischer« Abstammung waren, versetzte man mit dem »Gesetz zur Wiederherstellung des Berufsbeamtentums« vom 7. April 1933 in den Ruhestand. Jüdischen Ärzten und Rechtsanwälten entzog man die Approbation. Rechtsanwalt Ernst Selten konnte seine Kanzlei zunächst weiterführen, dank der 1933 von Reichspräsident Hindenburg erwirkten Ausnahmeregelung für Teilnehmer am Ersten Weltkrieg, dem »Frontkämpfer-Privileg«.

»Nur noch hinter einer Säule des Börsensaales« möchte er mit ihm sprechen, sagte 1933 der Börsendirektor einer Bank zu Samuel Neumann. Er sei Parteimitglied und wolle sich nicht öffentlich mit ihm zeigen. So schilderte es sein Sohn Peter Neumann, rückblickend in einer Erläuterung an das Entschädigungsamt in Berlin. Neumanns 1905 gegründetes Bank- und Kommissionsgeschäft ging wesentlich zurück. Der Börsenvorstand teilte seinem Sohn und Partner Peter Neumann mit, dass die Ausgabe von zwei Börsenkarten für seinen Vater und ihn nicht mehr in Betracht komme. Seinen Antrag wolle man befürworten. Beide wurden vom Parkett gefegt. Samuel Neumann musste seine Börsenkarte abgeben, sein Sohn Peter, Soldat im Ersten Weltkrieg, wurde nur noch als Freihändler zugelassen. Im November 1933 schied der Vater als Gesellschafter aus, sein Sohn führte die Handelsgesellschaft weiter.

Lisel Blech erreichte ein Brief der Staatlichen Akademischen Hochschule für Musik mit der Nachricht »Professor Oskar Daniel unterrichtet nicht mehr an der Hochschule«. Auf dem Brief handschriftliche Notiz ihres Vaters: »Eine Folge der politischen Umwälzung. Du meldest Deinen Austritt an.« Es traf nicht nur Lisels Musiklehrer, auch ihren Verlobten, denn »Arpad muß reisen, weil hier keine Erwerbsmöglichkeit mehr ist für Juden. Ich selbst bin noch in meiner Stellung«, bemerkte Leo Blech. »Noch. Gott allein, weiß, wie lange.«

Das »Berufsbeamtengesetz«, führte dazu, dass Juden systematisch auch aus den Opernhäusern entfernt wurden. Der *Berliner Lokal-Anzeiger* meldete am 6. Juni 1933 die Entlassung Otto Klemperers und anderer jüdischer Künstler aus dem Verband der Berliner Staatsoper. »Eine Ausnahme wurde nur für Leo Blech gemacht«, schrieb *der Lokal-Anzeiger*, »weil dieser schon über 25 Jahre dem Hause angehört und noch von Kaiser Wilhelm zum Generalmusikdirektor ernannt worden war.« Blechs Unentbehrlichkeit verstärkte sich nach Furtwänglers öffentlichem Plädoyer für Hindemith und seinem hieraus resultierenden Rücktritt im Dezember 1934 als Chefdirigent der Berliner Philharmoniker sowie als Direktor der Staatsoper. Der Berliner Volksmund kalauerte:

»Wir schlagen den Rekurd,
der -wängler ist jetzt furt,
der Kleiber jeht ooch wech,
nun ham wa nur noch Blech!«

Als Leo Blech den Fragebogen zum »Arier-Nachweis« erhielt, schickte er ihn mit folgendem Kommentar an die Generalintendanz: »Da in meinem Fall die nicht-arische Abstammung zweifelsfrei ist, habe ich mir zunächst erlaubt, die sehr zeitraubende Beschaffung aller fehlenden Urkunden hinauszuschieben und erwarte im gegebenen Falle (falls die Urkunden besorgt werden müssen) frdl. Anweisung der G.I.« [Hervorhebung Leo Blech]

Hermann Göring hat eingeladen. In den großen Garten, der die Villa des preußischen Ministerpräsidenten hinter den Häusern des Leipziger Platzes umgibt. Es ist der 18. Juni 1934. Geladen sind Gäste aus Diplomatie, preußischer Staatsregierung, NSDAP, Presse und preußischen Staatstheatern. Leo Blech ist dabei und trifft auf Reichserziehungsminister Rust, Generalinspekteur des Straßenwesens Todt, Reichsbankpräsident Schacht, SS-Reichsführer Himmler, Polizeigeneral Daluege, Berlins Oberbürgermeister Sahm, General von Rundstedt, Beauftragter für Abrüstungsfragen von Ribbentrop, SA-Gruppenführer Prinz August Wilhelm. Auch Furtwängler, Kleiber und Strauss waren der Einladung gefolgt. Wie hat sich Blech in diesem Kreis gefühlt? Er hat den Zeitungsausschnitt, der den Empfang widergibt, nicht kommentiert, aber seinen Namen darin hervorgehoben.

Trotz Anfeindungen konnte Leo Blech noch einige Jahre auf seinem Posten verbleiben. Er war der letzte vom Kaiser ernannte Generalmusikdirektor, Nachfolger von Richard Strauss, in Deutschland ungemein populär und auch international hoch angesehen. Doch entscheidend für seine Duldung war Görings Protektion. Ein Grund dafür könnte in der Rivalität zwischen Göring und Goebbels zu sehen sein. Als Preußischer Ministerpräsident war Göring für die Preußischen Staatstheater zuständig, auch für die Berliner Staatsoper Unter den Linden. Für die anderen Theater und Opernhäuser war Goebbels, Präsident der Reichskulturkammer, verantwortlich. Zwischen beiden bestand eine Art Wettbewerb um die besten Musiker und Dirigenten.

Dass er auf Messers Schneider balancierte, war Blech bewusst: »Am 13. September 1933 teilte mir Furtwängler mit, dass Goering nicht wünsche, Wagner'sche Werke von mir dirigiert zu hören. Dann also *Carmen*«. Görings Äußerungen über ihn – Blech – registrierte er nun genauestens: »Tietjen rief an [21.12.1934] und sagte: Der Chef – Goering – hat in seiner Ansprache an die Kapelle in einer ganz grandiosen Weise von Ihnen gesprochen und gesagt, wie er zu Ihnen steht und wie er sich vor Sie stellt. Die Kapelle hat das mit minutenlangem Beifall entgegengenommen.«

Anfang 1935 hielt er fest: »Steger (Korrepetitor) erzählte mir: ›Goe hat zu einem unserer Kammersänger (ich vermute Bockelmann) gesagt: Der Bl kann bei uns bleiben – und wenn er 100 Jahre alt wird. Und wenn er im 101ten geht, wird es mir schrecklich leid tun.‹«

Als Blech Mitte Juni 1935 vom König von Schweden zum Schwedischen Hofkapellmeister ernannt wurde, erhielt er »Glückwunschtelegramm Göring und u.a. vom Kaiser«, wie er stolz hinzufügte. Der letzte Eintrag findet sich am 26. April 1936 nach der Oper *Fra Diavolo* auf einem Zeitungsausschnitt: »Leo Blech betreut die Partitur mit Delikatesse und ist Gegenstand minutenlanger Ovationen. Der preußische Ministerpräsident Generaloberst Göring und Frau Göring waren anwesend.«

Noch sah er sich, anders als seine Kinder, nicht zur Emigration gezwungen.

Jüdische Organisationen und der Nationalsozialismus

Juden war der Zutritt zur neu gebildeten Reichskulturkammer verwehrt. Blech war als Mitglied der Reichsmusikkammer eine Ausnahme. Bie war die Mitgliedschaft in der Reichsschrifttumskammer verwehrt. Der eine konnte seine Werke nicht mehr veröffentlichen, der andere durfte weiter dirigieren. Wie mögen die Freunde und Nachbarn das aufgenommen haben?

Als Reaktion auf das Berufsverbot gründeten in der Mommsenstraße 56 der Regisseur Kurt Baumann und der ehemalige Intendant der Charlottenburger Oper Kurt Singer in dessen Wohnung im Juli 1933 den Kulturbund Deutscher Juden. Ein eifriger Besucher der Veranstaltungen des Kulturbunds war Bernd Fiegel. Während seiner Lehrzeit in Frankfurt/Main besuchte er 1936 Schnitzlers *Lie-*

belei und *Samson und Dalila*. Am 6. Februar notierte er in seinem Tagebuch, das uns seine Tochter Naomi Fiegel anvertraute: »In der Schweiz [Davos] wurde ein Naziführer [Wilhelm Gustloff] von einem jüdischen Studenten erschossen. Alle Veranstaltungen der Kulturbünde der Juden in Deutschland wurden daraufhin verboten«. Der Kulturbund ermöglichte die Aufrechterhaltung eines eigenen Kulturbetriebs mit fast täglichen Veranstaltungen. Das NS-Regime duldete ihn und nutzte ihn zur Isolierung und Kontrolle jüdischer Künstler.

Alle bedeutenden jüdischen Organisationen und Vereinigungen hatten ihren Sitz in Charlottenburg. Die Reichsvertretung der Deutschen Juden in der Kantstraße 158, gleich neben der Fasanenstraße und der Großen Synagoge. Der C.V. in der Emser Straße 42, der ihm gehörende Philo Verlag in der Pariser Straße 44 im gleichen Gebäude. Die Geschäftsstelle des Reichsbundes Jüdischer Frontsoldaten (R.j.F.) am Kurfürstendamm 200. Die ZVfD in der Meinekestraße 10 im »Haus der zionistischen Organisationen«. Hier wirkten an die 30 zionistische Vereine, darunter das Palästinaamt, der Jewish Agency, aber auch der Kulturbund deutscher Juden, (1939 Jüdischer Kulturbund). Obwohl 1933 mit der Reichsvertretung der Deutschen Juden der Zusammenschluss aller Juden erfolgte, gaben nach wie vor zwei große Strömungen den Ton an, die gegensätzlicher nicht hätten sein können. »Wie hältst du es mit Deutschland?« Diese Gretchenfrage, die sie unterschiedlich beantworteten, verhinderte ein geschlossenes Auftreten gegenüber dem Nationalsozialismus. Der C.V. ging von einer Synthese von Deutschtum und Judentum aus und erachtete die Juden als eine religiöse Gemeinschaft. Er propagierte das Bleiben – zunächst. Die ZVfD rief die Juden auf, sich ihrer eigenen Wurzeln bewusst zu werden und strebte ihre »Entwurzelung« aus der deutschen Kultur und Gesellschaft an. Sie propagierte das Gehen.

Das NS-Regime reagierte unterschiedlich darauf: Es erschwerte die Arbeit des C.V. und schränkte sie nach und nach ein, es förderte die Arbeit des ZVfD, denn beide, Nazis und Zionisten, trieben aus völlig unterschiedlichen Gründen die Auswanderung der Juden voran. Die ZVfD verfolgte die Schaffung einer jüdischen Heimstätte in Palästina und eine verstärkte Einwanderung von Juden aus Deutschland.

Kein Hausbewohner gehörte einer zionistischen Organisation an. Sie emigrierten und flohen in alle Welt, als sie dazu gezwungen wurden, niemand nach Palästina. Leo Blech notierte: »Generaldirektor in Zion, Gott bewahre!«

Zwei kleine jüdische Verbände setzten auf eine Zusammenarbeit mit dem NS-Regime: »Der deutsche Vortrupp. Gefolgschaft deutscher Juden« von Hans-Joachim Schoeps mit dem Blatt *Der Deutsche Vortrupp: Blätter einer Gefolgschaft deutscher Juden* und der »Verband nationaldeutscher Juden« von Dr. Max Naumann mit dem Verbandsorgan *Der nationaldeutsche Jude*. Beide Verbände blieben ohne Bedeutung, spielten aber der antisemitischen NS-Propaganda in die Hände. 1935 wurden sie von den NS-Behörden zwangsaufgelöst.

Else und Fritz Wolff wird es in ihrem Exil übel aufgestoßen sein, als sie am 28. November 1934 auf der Titelseite der Exilzeitung *Pariser Tageblatt* das Interview mit Max Naumann mit der Überschrift »Ein Jude huldigt seinem Führer« lasen. Das Interview, das er der größten katholischen Tageszeitung *La Croix* gegeben hatte, erschien »so grotesk«, dass es das *Pariser Tageblatt* »in seiner ganzen Pracht, ohne eine einzige Kürzung«, wiedergegeben hat. Wir belassen es bei Auszügen:

»Wir hätten es als ein nationales Unglück für Deutschland und für uns nationale Juden, die zu den besten Deutschen zählen, gehalten, wenn Hitler nicht die Geschicke des deutschen Volkes in die Hand genommen hätte«, sagte Naumann und fuhr fort: »Übrigens haben die Mitglieder unseres Verbandes, mehr als 5.000 Menschen, wie ein Mann für ihn bei seiner Wahl zum Reichspräsidenten gestimmt. Hitler ist unser Schicksal. Keiner außer ihm wird die Judenfrage lösen können. [...] Ich habe der deutschen Regierung verschiedene Projekte zur Lösung der Judenfrage unterbreitet, denn wir leben in einer Zeit des Überganges, die nicht ewig dauern kann.«

»Und welches ist Ihr Plan?«, wollte die Zeitung wissen:

»Ich gehe davon aus, dass man drei Arten von Juden unterscheiden muss: 1) diejenigen, die seit langem in Deutschland ansässig sind, haben das Gefühl, immer Deutsche gewesen zu sein; 2) die Assimilierten; 3) die Zionisten. Der Hauptirrtum war, zwischen diesen drei Gruppen keinen Unterschied zu machen. Die Lösung der Judenfrage kann nur durch eine rücksichtslose Rechtsungleichheit geschaffen werden. Es gab 500.000 Juden in Deutschland. Es gibt davon heute immer noch 450.000. Jawohl, unter dieser Zahl sind allein 150.000 fähig, ein Unterpfand eines erprobten Patriotismus zu liefern, dann sollen auch sie allein in die nationale Gemeinschaft Deutschlands bedingungslos aufgenommen werden. Die übrigen 300.000 müssen wie Ausländer behandelt werden, das heißt man müsste beginnen, ihnen die deutsche Staatsangehörigkeit zu entziehen. Sie hätten das Recht, ihren Geschäften in Deutschland nachzugehen; aber der geringste Versuch der Einmischung in die Innenpolitik würde für sie die Ausweisung aus dem Lande, dessen Gesetze der Gastfreundschaft sie verletzt hätten, nach sich ziehen.«

Eine Abschrift des Naumann-Interviews mit der Überschrift »Zu den Judengesetzen«, datiert vom 4. Oktober 1935, lag den Unterlagen zu Heinrich Molsen bei, die das Berlin Document Center (BDC) dem Generalstaatsanwalt beim Kammergericht Berlin übermittelte, nachdem sie 1964 »Vorermittlungen gegen ehemalige Angehörige des RSHA wegen Mordes« einleitete, später bekannt geworden als »Bovensiepen-Prozeß«.

Auch Molsen, der von 1942 bis 1945 im Haus wohnte, wurde des Mordes angeklagt. Den Aussagen Naumanns ist in der Abschrift ein Kommentar vorangestellt: »Es ist vielleicht nicht ganz uninteressant darauf hinzuweisen, dass die Behauptung nicht unbegründet wäre, die Juden-Gesetze von Nürnberg seien in ihrer Konzeption zu einem Teil von Juden veranlasst worden«. [Hervorhebung im Text]. Ein Justizverfahren gegen Molsen wurde nicht eingeleitet. Vergleicht man die Aktenlage zu Molsen fällt auf, dass die Gerichtsakten die dem Generalstaatsanwalt vorlagen oder vorgelegt wurden, nur einen Bruchteil der verfügbaren Dokumente ausmachten.

Ausgerechnet das Schriftstück mit dem kommentierten Naumann-Artikel war beigefügt.

Ernst Stoessel von der Heyde: Der erste Nazi im Haus

Anfang 1933 zog der 1876 in Angerburg in Ostpreußen geborene Ernst Stoessel von der Heyde ins Haus. Im Ersten Weltkrieg war er als Bataillonskommandeur an der Front. Nach der Novemberrevolution schloss er sich Anfang März 1919 der Garde Kavallerie Schützen Division zur »Bekämpfung der inneren Unruhen« an. Der Versailler Vertrag beendete die militärische Laufbahn des Majors a.D. von Stoessel. Beim Landesfinanzamt Berlin arbeitete er nun im Postversand. Seine Beförderung zum Steuerinspektor aufgrund seiner Militärdienstjahre lehnte man ebenso ab wie seine Eingruppierung in eine höhere Besoldungsstufe.

Jetzt geht es – cito, cito – schnell, schnell. Friedrich der Große war der Erfinder des Berliner Tempos. Bei ihm musste alles cito, citissime! gehen. Bei Ernst Stoessel von der Heyde auch. Mit seiner Frau gründete er 1924 die Kartonfabrik »Cito L. v. Stoessel«. Seine Firma geriet in Folge der Weltwirtschaftskrise in finanzielle Schwierigkeiten. Nach der Liquidation der Kartonfabrik suchte von Stoessel eine neue Beschäftigung. Unter der Mitglieds-Nummer 925.648 trat er am 8. Februar 1932 der NSDAP bei. Zu den »alten Kämpfern« – die eine Mitgliedsnummer unter 300.000 führten – gehört er nicht, doch ist er der Partei vor der Machtergreifung beigetreten. Er sucht Protektion bei zwei Nazi-Größen. Am 8. Februar 1933 schreibt er an Hitlers Stabschef Ernst Röhm wegen »Aufstellung auf die Parteiliste als Reichstags- oder Landtagsmitglied«. Röhm läßt ihm am 10. Februar kurz und bündig mitteilen, »wegen ihrer kurzen Zugehörigkeit zur Partei« kommt eine Aufstellung nicht in Betracht. Zeitgleich hat von Stoessel an Kurt Daluege, Kommissar z.b.V. (zur besonderen Verwendung) beim Preußischen Ministerium des Innern geschrieben, mit der Bitte um Einstellung bei der Polizei. Daluege zieht Erkundigungen ein. Am 28. Februar 1933 schreibt er »Vertraulich!«, an die Ortsgruppe Mommsen, Kreis I der NSDAP Berlin-

Charlottenburg, will wissen, ob die angegebene Mitgliedsnummer zutrifft und bittet um ausführliche Beurteilung über von Stoessels »Charakter, Ruf und Zuverlässigkeit«.

Ortsgruppenleiter Karl Specht bestätigt prompt Mitgliedsnummer und Zeitpunkt des Parteieintritts. Das hätte von Stoessel für eine Anstellung qualifiziert, wäre dem nicht eine Beurteilung gefolgt, die seine Ambitionen zunichtemachen: »Er ist Inhaber einer Pappenfabrik, die mit jüdischem Geld finanziert ist. Pg v. Stoessel hat einen ziemlich großen jüdischen Bekanntenkreis.« Das hätte gereicht, um ihn zu disqualifizieren, doch Specht setzt noch einen drauf: »In der Partei selbst hat sich Pg. v. Stoessel aber so gut wie nicht betätigt; hier und da hat er auf Anforderung kleinere Spenden geleistet. Im Sinne unserer Bewegung ist er bisher nur Mitläufer gewesen.« Spechts Behauptung, die »Pappenfabrik« sei mit »jüdischem Geld« finanziert worden, ließ sich nicht nachweisen. Doch ist gewiss, dass Specht mit seiner Beurteilung von Stoessels Anstellung bei der Polizei gezielt verhinderte.

Immer wieder haben wir uns gefragt, wer der Blockwart gewesen sein mag. Eine Akte im Bundesarchiv brachte Licht ins Dunkel. Es war Ernst Stoessel von der Heyde. Die Beziehung zwischen ihm und Ortsgruppenleiter Karl Specht war immer noch angespannt. Von Stoessel hat sich gefragt, worauf das zurückzuführen sein könnte, und kam zu der Einschätzung: »Wie mir s. Zt. der Stellvertreter des Ortsgruppenleiters der Ortsgruppe Mommsen, der jetzige Ortsgruppenleiter der Ortsgruppe Lützow, Pg. M. Döbler, sagte, ist Pg. Specht gegen jeden Intellektuellen eingestellt und führe daher auch dieses Verhalten auf seine Einstellung zurück. Es ist wohl anzunehmen, dass er den Kreisleiter über meine Person falsch orientiert hat, weil er mich aus persönlichen Gründen als Blockwart loswerden wollte.« Ob von Stoessel ein Intellektueller war, wissen wir nicht, doch versuchte Specht, ihm mit diesem Kampfbegriff der Nazis zu schaden.

Nach weiteren Kontroversen mit Specht legt von Stoessel beim Kreisleiter des Kreises I Paul Skoda Beschwerde ein. Das nimmt Specht zum Anlass, am 18. November 1935 von Stoessel »mit sofortiger Wirkung« von seinem »Amt als Politischer Leiter« zu beurlauben. Vierzehn Tage später beantragt er beim Kreisgericht I, Berlin-Spandau die Eröffnung eines Parteigerichtsverfahrens mit dem Ziel des Ausschlusses aus der NSDAP: »Parteigenosse von Stoessel hat seit längerer Zeit eine Jüdin zur Untermiete und trotzdem Unterzeichneter Pg von Stoessel schon vor längerer Zeit darauf aufmerksam machte, dass das Untervermieten an Juden verboten ist, hat Pg. von Stoessel der Jüdin noch keine Kündigung zustellen lassen. [...] Im Übrigen hatte Pg. von Stoessel bei seinem Hiersein im August 1935 erklärt, dass er die Jüdin Lichtenfeld zum 1.11.35 kündigen wolle.«

Als weiterer Zeuge sagt der Blockwart Kurt Sauerbier aus, der noch bei seinem Vater, dem Kellner Leo Sauerbier, in der Mommsenstraße 7 wohnt, von Stoessel bringe Anzüge zum Bügeln zu einem jüdischen Schneidermeister. Die »Ortswaltung Mommsen« der Deutschen Arbeitsfront meldet Ende November 1935, bei von Stoessel wohne noch immer »die Jüdin in Untermiete«, und der zuständige Blockwart Pg. Kügler meldet, er habe sogar »an zwei Juden untervermietet«. Die Anfrage des Kreisgerichts vom 12. Januar 1936, »ob die Jüdin gekündigt worden ist«, beantwortet von Stoessel ebenso wenig wie eine zweite Anfrage vom 27. Februar 1936. Über die Anweisung des Ortsgruppenleiters setzt er sich hinweg. Doch zog Frau Lichtenfeld im Laufe des Jahres 1936 aus. Ihr Schicksal konnten wir nicht ermitteln.

Was mag zu dem systemwidrigen Verhalten des systemkonformen Blockwarts geführt haben? War es sein jüdischer Bekanntenkreis oder gab es materielle Gründe? Letzteres eher nicht, denn in Berlin herrschte Wohnungsnot. Aus einem Schreiben an den Gau Groß-Berlin vom 18. Dezember 1936 geht hervor, dass nach dem Auszug von Frau Lichtenfeld der Reichsoberrevisor Hermann Ried das oder die Zimmer bewohnte. Im gleichen Jahr war Ried zum Beauftragten in Revisionsangelegenheiten beim Reichsschatzmeister der NSDAP in Berlin ernannt worden. Ob sein neuer Untermieter ihm bei der Auseinandersetzung mit Specht von Nutzen sein konnte? Jedenfalls zieht Specht am 22. Februar 1937 den Antrag auf Eröffnung eines Parteigerichtsverfahrens gegen von Stoessel zurück. Von Stoessel schreibt am 25. April 1937 direkt an Hitler und schließt mit dem Satz: »Ich bitte daher meine vollständige Rehabilitierung als Blockwart und die Rückgabe meines Parteibuches anzuordnen.« Tatsächlich beschließt das Kreisgericht I am 5. November 1937 die Einstellung des Verfahrens, und die Reichsleitung in München sieht mit der Aushändigung des Mitgliedsbuches die Angelegenheit als erledigt an. Ob er sein Amt als Blockwart zurückerlangte, ist der Akte nicht zu entnehmen. Der Fall Stoessel zeigt, dass es ohne ernsthafte Konsequenzen möglich war, sich über die Direktiven der Partei hinwegzusetzen.

Oskar Kalbus: UFA und Zigarettenbilder

Vom Werden deutscher Filmkunst hieß das zweibändige Werk des Mitglieds des UFA-Direktoriums Oskar Kalbus, das in Millionenauflage erschien und ihn berühmt machte. Auftraggeber war Reemtsma. Die hochwertig ausgestatteten Sammelalben *Der Stumme Film* und *Der Tonfilm*, in die Raucher von »R 6« und »Ova«, Filmbilder einkleben konnten, erschienen 1935. In diesem Jahr zog er mit seiner Frau Maja ins Haus. Das Erscheinen eines dritten Bandes mit dem Titel *Filmkunst im Dritten Reich* wurde verhindert durch eine Diffamierung in der Zeitung *Der SA-Mann* vom 20. November 1937, er habe jüdische Regisseure und Schauspieler als »Filmkünstler« gewürdigt: »[...] der Verfasser Dr. Oskar Kalbus [hat] eine Arbeit geleistet, die ihm zu Systemzeiten einen Ehrenplatz in der Synagoge eingebracht hätte, [...]«. Diese Verunglimpfung, die ihm zunächst schadete, sollte ihm, der 1940 in die NSDAP eintritt, noch von Nutzen sein.

Der in Greifswald promovierte Romanist Kalbus meldete sich nach Ausbruch des Ersten Weltkrieges als Freiwilliger. 1919 vermittelte ihm seine Studentenverbindung »Alania« den Einstieg in die Filmindustrie. Ab 1926 machte er bei der UFA als Filmproduzent, Filmhistoriker und Filmpublizist eine steile Karriere: 1933 wurde er Vertriebschef der UFA-Filmverleih GmbH, 1944 deren geschäftsführender Direktor. Er leitete den Verleih aller Kultur-Großfilme der UFA und übernahm schließlich alle Verleihfilialen des UFA-Konzerns in Deutschland und im Ausland.

Mit seinem Querschnittsfilm, ein von ihm erfundenes Filmformat, über *Henny Porten. Leben und Laufbahn einer Filmkünstlerin,* der 1928 im U.T. Kurfürstendamm [Union Theater] Premiere hatte, setzte er der Filmdiva ein filmisches Denkmal. 1929 folgte von ihm ein weiterer Querschnittsfilm *Rund um die Liebe* in der Reihe *Das Auge der Welt*, eine Montage der schönsten Liebesszenen dieser Jahre.

Oskar Kalbus

Kalbus und die Nationalsozialisten hatten keine Berührungsängste. »Film-Deutschland erwache!« hat er ein Kapitel des zweiten Bandes *Vom Werden deutscher Filmkunst* über den Tonfilm überschrieben. Er lässt darin Goebbels, den »Treuhänder der deutschen Filmkunst«, zu Wort kommen, um dann auszubreiten, dass es 1933 darum gegangen sei »die Filmkunst und Filmwirtschaft von [...] rasse- und wesensfremden Elementen zu säubern«, und dem hinzuzufügen »Der kommende deutsche Film soll bewusst und klargeprägt das Gesicht der arischen Rasse tragen.«

Als Hitler nach und nach die durch den Versailler Vertrag vom Deutschen Reich abgetrennten Gebiete zurückeroberte, ist Kalbus für den Ufa-Filmverleih immer dabei: nach dem Anschluss Österreichs, nach der Abtretung des Sudetenlandes – wo er »eine zweite Okkupation« durch die Ufaleih-Vertreter organisierte –, nach der Einverleibung der »Rest-Tschechei«, nach dem Überfall der Wehrmacht in Polen, nach der Bildung des Generalgouvernements und nach dem Sieg in Frankreich. Amerikanische, polnische, französische Filme wurden nicht mehr gezeigt. »Wo es an der Filmfront brannte, wurde Kalbus«, schrieb er über sich selbst, »sofort eingesetzt.«

Autofahren als Statussymbol

In Dietzlers *Auto-Adressbuch für Groß-Berlin,* das von 1926 bis 1934 erschien, finden sich, alphanumerisch nach dem IA-Kennzeichen für die Hauptstadt geordnet, sämtliche Halter inklusive deren Wohnadressen. Der erste, der sich einen PKW angeschafft hatte zum Preis von rund 17.500 RM, war der Börsenmakler Samuel Neumann. Sein Buick Master Six 18/80 hatte das Kennzeichen IA – 3871. Die römische Ziffer steht für Preußen, der Buchstabe für Berlin.

Auch Leo Blech favorisierte ausländische Limousinen der Luxusklasse und wusste zu repräsentieren: 1929 schafft er sich sein erstes Auto an, eine FIAT-Limousine. »Generalmusikdirektor Leo Blech an seinem 15/70 PS Fiat« warb die Berliner Fiat-Generalvertretung in einem Programmheft der Berliner Philharmoniker. Die Werbung zeigt Leo Blech mit Hut und Handschuhen, sich lässig an das Cabriolet mit dem Kennzeichen IA-30381 lehnend. Er fährt es nicht lange. Kurz vor Weihnachten 1929 tauscht er es gegen eine Stutz 140 Limousine ein. »Stutz herrlich«, notiert er einige Male, dann im Sommer 1932 nach der Rückkehr aus Karlsbad: »Stutz versagte! Ab Magdeburg per Bahn.«

Einen Wagen der Oberklasse, den Wanderer W 11 Limousine 50 PS fuhr Oskar Kalbus. Hugo Freiherr von Zobel zu Giebelstadt verzichtete darauf, sein Modell anzugeben. Einen DKW 18 fuhr Ernst Stoessel von der Heyde. Ernst Proskauer, bei seiner Mutter Hannah wohnend, einen Opel 16. Paul Fiegels PKW ließ sich nicht ermitteln.

Parkraum gab es genug. Autos wurden hintereinander am Straßenrand geparkt. Wer es sich leisten konnte, stellte seinen Wagen in den »Mommsen-Garagen« von G. Leuschner in der Mommsenstraße 24/25 unter oder in L. Serlins bis 2017 genutzten »Kant-Garagenpalast« in der Kantstraße 126/127.

Erna und Paul Fiegel: Glauben an eine Zukunft

»[…] Es folgt eine Wohnungsbesichtigung mit viel weisen Ratschlägen und Ermahnungen unseres Einzigen«, notiert Bernd Fiegel am 11. Juni 1935 in das von ihm und seiner Mutter gemeinsam geführte Tagebuch. Nach 25 Jahren in der Mommsenstraße 70 ziehen sie in die Nr. 6. Fiegels sind alteingesessene Charlottenburger. Auch ein Großteil der Verwandtschaft lebt in Laufnähe. Im Kriegsjahr 1914 heiratete der Berliner Paul Fiegel, Inhaber einer Saatengroßhandlung, Erna Hirschfeld aus Leipzig. Am 1. Januar 1919 bekamen sie ihr einziges Kind Bernhard, genannt Bernd.

»Anlässlich des Umzuges in die neue Wohnung«, erfahren wir aus Erna Fiegels »Eidesstattlicher Versicherung« 1961 für das Entschädigungsamt, »hatten wir die gesamte Einrichtung von dem Ar-

Erna und Paul Fiegel, um 1914

chitekten Max Lewy, Berlin-Zehlendorf West, Beerenstraße 20 A, bearbeiten lassen; Stoffe, Fußbodenbeläge und Vorhänge waren von der Firma Gerson, Berlin.« Ihrer Erklärung hat sie einige verblichene Fotos beigefügt, die die Einrichtung zeigen. Auf zwei Fotos ist sie selbst zu sehen. Die Einrichtung hat sie detailliert aufgelistet, die wertvollsten Stücke auf den Fotos markiert. Wir belassen es bei den Überschriften:

A) Esszimmer, ital. Renaissance, durchweg handgeschnitzt; B) Musikzimmer, Louis XVI, Elfenbein mit französischem Damast; C) Sohn-Zimmer; D) Herrenzimmer, englische Gotik; E) Wintergarten; F) Küche, Eschebach; G) Mädchenzimmer.

Am jüdischen Neujahrstag am 27. September 1935 kommt Bernd Fiegel, er absolviert eine kaufmännische Lehre in Frankfurt am Main, zu Besuch bei seinen Eltern in die neue Wohnung, wo, so ist seinem Tagebucheintrag zu entnehmen, eine »Musterkollektion« von Familienmitgliedern das jüdische Neujahr »einfeiert«. Er bestaunt »die herrlichen neuen Räume. Ich selbst habe ein besonders nettes Zimmer bekommen. Das Prunkstück aber ist ein gelbgekacheltes Bad. Nicht zu vergessen die Kanarienvögel zogen auch aus, nämlich jeder bekam ein grünes Bauer.« (sic) Dabei ist auch der schwarze Königspudel »Billie«. Tags darauf geht Bernd mit seinem Vater in die Synagoge in der nahegelegenen Fasanenstraße.

Ihr Leben nimmt seinen gewohnten Gang. Ende April ist »Anrudern« auf den Berliner Gewässern, das Mittagsmahl nehmen sie, auf Plaids sitzend am grünen Ufer ein. Zu Pfingsten, es ist recht heiß, fahren sie im eigenen Wagen mit dem Picknick-Koffer an den Werbellinsee. Am nächsten Tag kredenzt Erna Fiegels Freundin, Erna Jaffe, Eiskaffee in ihrem Garten. »2. Pfingsttag! Mami's Geburtstag! [...] Mami wird Bank-Konto-Inhaberin! [...] Mutter und Filius gehen Shopping.« Erna Fiegel macht einen »K.d.W.-Bummel«, und, bemerkt ihr Sohn Bernd keck, »afft sich am Kurfürstendamm mit zwo neuen Taschen.«

Im Jahr ihres Einzugs unternimmt die Familie mit Cook zwei große Italien-Reisen. Erna Fiegel notiert im Tagebuch: »[...] der Zug ab München hatte 16 Wagen u. war brechend voll = sprich: Kraft durch Freude.« In den Dolomiten schließen sie sich einer Führung

Bernd Fiegel, Mommsenstraße, 1936

durch die Stellungen des Gebirgskrieges während des Ersten Weltkriegs am Monte Piana an: »Man bekommt eine leise Ahnung von diesem entsetzlichen Krieg [...] Alles ist natürlich schon zum größten Teil zerfallen, aber das Grauenvolle grinst noch heute aus jeder Sparre.« Bei ihrer Abreise aus Cortina lassen sie in ihrem Hotel Bernd die Trinkgelder verteilen: »Die Trinkgeldfrage macht ihm stark zu schaffen. Alles ist aber zu seiner großen Erleichterung schwer beglückt – nur! den Sprengwagenfritzen, der 2x täglich rund um das Hotel wässerte haben wir vergessen. Wir werden ihn dafür schriftlich an Mussolini rekommandieren.« Den Alltag kommentiert sie humorvoll, zuweilen spöttisch. Auf die politischen Veränderungen reagiert sie mit Sarkasmus.

Eine neue Wohnung, ein eigenes Bankkonto für Erna Fiegel, Reisen ins Ausland, die Einträge im Tagebuch belegen, dass sie an eine Zukunft im nationalsozialistischen Deutschland glauben, trotz allem. Eine große Illusion, wie Fiegels bald feststellen müssen. Hätten sie ihre neue Wohnung noch so schön herrichten lassen, wären sie von ihren Auslandsreisen zurückgekehrt, wenn sie geahnt hätten, was bald noch auf die deutschen Juden zukommen würde?

Bernd Fiegel war im August 1925 in der 19. Gemeindeschule Charlottenburg eingeschult worden. Er hatte es nicht weit in die Knesebeckstraße 24-25. Im gleichen Schulgebäude besuchte er ab Ostern 1928 auch die Kaiser-Friedrich-Schule (KFS) – Gymnasium Charlottenburg. Fast die Hälfte der Schüler kam aus jüdischen Familien. Zweimal in der Woche gab es Religionsunterricht, parallel für die protestantischen und die jüdischen Schüler.

Aus Bernd Fiegels Abschlusszeugnis kennen wir den Namen des Direktors der KFS: Es war der Oberstudiendirektor Voigt. Sein Klassenlehrer in der Untersekunda war der Studienrat Dr. Heinrich Wittig, der in der Mommsenstraße 18 wohnte, »ein sympathischer und humorvoller Mann«. Bernds Zeugnis ist zu entnehmen, dass er die Sprachen Latein, Französisch, Englisch und Spanisch lernte, jeweils benotet mit »gut«, ebenso wie die Fächer Deutsch und Geschichte, die Dr. Wittig in der Unter- und Obersekunda unterrichtete. Während Bernd in Biologie ein »sehr gut«, erhielt, bekam er in Chemie ein »mangelhaft«, seine schlechteste Note, von Dr. Westphal, einem Lehrer, der »chauvinistische Reden« hielt. Ostern 1934 verließ er die KFS nach der Obersekunda-Reife »um einen Beruf zu erlernen«, wie es im Abgangszeugnis steht. Er besuchte ein Jahr die Höhere Handelsschule, Rackows kaufmännische Privatschule in der Wilhelmstraße 49. An den Schaltzentralen der Macht im NS-Staat lief er jeden Tag auf dem Weg zur Schule vorbei. Danach begann Bernd eine kaufmännische Lehre bei der Firma Levinger & Feibel, Korsettfabriken in Frankfurt am Main. 1935 und 1936 führte er Tagebuch, die Einsicht in den Alltag eines jüdischen Teenagers in dieser bedrohlichen Zeit gewähren. Juden lebten an den Rand gedrängt in einer verordneten Parallelgesellschaft.

Die Enttäuschung über eine weitere Ausgrenzung wird deutlich am 22. Mai 1935: Das neue Wehrgesetz: »Die gestrige Hitler-Rede ist überall Tagesgespräch, aber das neue Wehrgesetz lässt keine Juden zur Wehrpflicht zu!« Sein Vater hatte im Ersten Weltkrieg für Deutschland gekämpft, er darf es nicht mehr, ob er will oder nicht, denn Paragraph 15 des Wehrgesetzes vom 21. Mai 1935 besagt: »Arische Abstammung ist eine Voraussetzung für den Wehrdienst.« Dennoch kämpften zehntausende junger Männer, »Halbjuden« oder »Vierteljuden«, wie die Nazis sie kategorisiert hatten, in der Wehrmacht und mussten einem Regime dienen, das sie aus rassischen Gründen ausgegrenzt hatte. Der »Halbjude« Anno Schmidtgen-Schmieden fiel als Gefreiter am 9. Juni 1940, gerade dreißig Jahre alt, bei Beaurieux in Frankreich.

Terror, Hetze, Rassengesetze

Der »dekadente« Kurfürstendamm hatte eine Anziehungskraft, der auch Politische Leiter der NSDAP nicht widerstehen konnten. Sonst hätte der Gau Groß-Berlin im Mai 1935 nicht eine Broschüre im Taschenformat verteilt mit der Ermahnung: »Die Politischen Leiter haben folgende Gaststätten zu meiden.« Im Kreis I Charlottenburg-Spandau »untersagte« er den Besuch von 22 Cafés, Bars und Restaurants, davon 20 in Charlottenburg. Der Appell schien wenig gefruchtet zu haben. In der antisemitischen Hetzschrift *Der Stürmer*, der von der »Degeneration der nordisch-germanischen Rasse«, durch »Rassenschande« faselte, erschien 1936 ein infamer *Berliner Brief* unter dem Pseudonym »Adelheid Schöller«:

»An der Gedächtniskirche nimmt eine große und breite Straße ihren Anfang: Der Kurfürstendamm. Ein Ladengeschäft neben dem andern! Ein Kaufhaus neben dem andern! Jerusalem in zweiter Auflage! [...] Neben den vielen jüdischen Ladengeschäften treffen wir am Kurfürstendamm auf zahlreiche Vergnügungsstätten, Kaffees und Restaurants. Bei ihnen ist es schon weitaus schwieriger zu unterscheiden, ob sich das Geschäft im Besitze von Deutschen oder Fremdrassigen befindet. Die Namen der Lokale sind nämlich zumeist ›neutral‹, so dass man nicht erkennen kann, ob ein Jüdlein dahintersteckt. Ja, ich habe sogar schon wiederholt festgestellt, dass in rein jüdischen Kaffees und Konditoreien auswärtige Parteigenossen in Uniform (!) saßen, ohne zu ahnen, wohin sie geraten waren. Es ist deshalb einmal dringend notwendig, dass Du lieber Stürmer, die gesamte Öffentlichkeit darüber aufklärst, welche Lokale am Kurfürstendamm für jeden Parteigenossen und damit auch für jeden aufrechten deutschen Volksgenossen nicht in Frage kommen.«

Sodann beschrieb der »liebe Stürmer« ausführlich die Cafés: Trumpf-Kempinski, Moritz Dobrin, (»Moritzche«), Wien mit Zigeunerkeller, Hilbrich, Reimann und Leon, von denen einige jüdische, andere nichtjüdische Eigentümer hatten. Keines der Kaffees war in der Liste des Gaus Groß-Berlin enthalten. Wer den *Stürmer* nicht kaufte, konnte an den öffentlich aufgestellten »Stürmerkästen« antisemitische Hetze lesen. Der am nächsten gelegene befand sich am Kurfürstendamm, Ecke Uhlandstraße. Ein abstraktes Feindbild wurde

Stürmerkasten am Kurfürstendamm

auf identifizierbare Personen übertragen. Adolf Chaskel und Paul Fiegel waren davon betroffen.

Am Ende der Italien-Reise schrieb Erna Fiegel am 16. September 1935 in ihr Tagebuch: »Das ist der Schluss alles Erfreulichen; denn kaum im Coupé verstaut, verlangt es die Männlichkeit nach deutschen Zeitungen. Ade Frohsinn und Freude – der Nürnberger Parteitag hat dafür gesorgt, dass wir erneut wissen, was es heißt, Jude zu sein.«

Das Reichsbürgergesetz war staatsrechtlich der größte Angriff auf die jüdischen Deutschen. Durch die neuen Rechtsbegriffe »Reichsbürger« bzw. »Reichsangehöriger« wurden sie zu Bürgern zweiter Klasse. Das »Blutschutzgesetz« war ein weiterer Einschnitt. Es verbot die Ehe und auch außereheliche Beziehungen zwischen Juden und »Ariern«. Die »Nürnberger Gesetze« schufen die rechtliche Grundlage für die Verfolgung der Juden in Deutschland. Antisemitismus war jetzt nicht nur legal, sondern »gesetzlich verordnet«.

Die unmittelbaren Folgen zeigen zwei Tagebucheinträge Bernd Fiegels: Am 24. November 1935 bekam er Besuch von einer Freundin der Familie, Lissy Krüger (Jourdan). »Sie ist voller Kummer, denn ihr Bruder Alfred ist wegen Rassenschändung ins Gefängnis gekommen.« Am 21. Februar 1936: »Ich telefoniere mit Berlin. Unser Diener Valentin ist weggegangen und wir bekommen am 1.III.36 eine 47 Jahre alte Hausangestellte (siehe Nürnberger Gesetze 1935).« Er hob das Alter des Dienstmädchens hervor, weil die »Nürnberger Gesetze« Juden untersagten, »arische« Dienstmädchen unter 45 Jahren in ihren Haushalten zu beschäftigen.

Gehen oder Bleiben 1935

Bis 1935 war für die jüdische Bevölkerung Emigration noch nicht die bestimmende Frage. Nach den »Nürnberger Gesetzen« begann ein Umdenken. Die Rassengesetze mit ihren unbarmherzigen Konsequenzen ließen die jüdische Bevölkerung nach Auswegen suchen. Jetzt setzte die zweite Fluchtwelle ein. Vor allem Kinder wurden ins sichere Ausland gebracht.

Im April 1931 war Wolfgang Blech als Musikalischer Beirat in den Tonfilmbereich der Tobis-Zentrale gewechselt. Als nach der Machtergreifung Goebbels' Günstling Helmut Schreiber Direktor wurde, war man nicht mehr bereit, ihn als »Juden oder Juden-Mischling«, so Wolfgang Blech, weiter zu beschäftigen. Vergeblich versuchte er eine eigene Tonfilmproduktion aufzubauen, und fand auch keine Anstellung mehr in der Schallplatten- oder Tonfilmindustrie.

Sein Vater hatte 1912 an Lilly Hafgren geschrieben: »[...] den Jungen Jude werden lassen – warum ihm dies Gewicht anhängen [...]«, und ließ ihn evangelisch taufen, nicht ahnend, dass die Nazis seinen Sohn zwanzig Jahre später als »Rassemischling«, diffamieren würden. »Ich muss nachträglich zugeben«, schrieb Wolfgang im Lebenslauf, »dass ich die damalige Situation unrichtig und mit einem unberechtigten Optimismus angesehen habe. Ich hatte immer geglaubt, dass durch meine guten Branchen-Erfolge, durch das von mir erworbene Renommee, durch den außerordentlichen Ruf meines Vaters und schließlich als Mischling ich doch noch Möglichkeiten finden würde, mir in meiner Branche eine Position aufzubauen. Erst als alle Versuche an meiner Abstammung scheiterten und ich endgültig zu der Überzeugung kommen musste, dass weitere Versuche sinnlos seien, wanderte ich aus.« Diese Passage läßt seine tiefe Verzweiflung erkennen: »Mein verstorbener Vater war von Geburt ›Volljude‹, und trat später zum Christentum über; meine Mutter, die noch in Berlin lebt, ist Christin und ›Voll-Arierin‹. Ich bin bei der Geburt christlich getauft worden.«

Im Juli 1936, kurz vor Beginn der Olympischen Sommerspiele, emigriert Wolfgang Blech in die Vereinigten Staaten. Sein Vater hält im Erinnerungsbuch seine Empfindungen beim Abschied fest: »Dies Buch wurde aus einem Tal der Hoffnung eine Begräbnisstätte. Das mußte nicht sein. Aber es ist. Kommt eines der Kinder wieder zurück (oder beide), so lebt dieses Buch wieder auf, und ich mit ihm.«

»Ich erinnere mich«, heißt es in der Eidesstattlichen Erklärung Martha Blechs, »dass kurz nach der Auswanderung meines Sohnes Beamte der Gestapo erschienen, um meinen Sohn zu einer Vernehmung abzuholen und zu verhaften [...] Worum es sich handelte, haben wir nie erfahren.«

Bernd Fiegel: Ein Teenager besucht die Olympiade

»Am Nachmittag hörte ich zuerst die Eröffnungsfeierlichkeiten des Reichssportfeldes und den Einmarsch der Nationen. Es ist für mich sehr aufregend. Das schreckliche Bewusstsein, im deutschen Sport vollkommen ausgeschlossen zu sein«, schrieb Bernd Fiegel am 1. August 1936 in sein Tagebuch. 1933 wurden Juden aus allen »deutschen« Sportvereinen ausgeschlossen. Bernd war Mitglied der Schwimmabteilung der Berliner Sportgemeinschaft 1933, (BSG 33) des Reichsverbandes jüdischer Frontsoldaten, (RjF). Sein Schwimmkamerad ist Helmut Neustädter, der sich nach seiner Emigration nach Australien Helmut Newton nennen wird. Während seines Aufenthalts in Frankfurt/Main gehörte Bernd dem jüdischen T.S.V. Schild e.V. an, nahm an Sportfesten teil, paddelte, ruderte, boxte gelegentlich und machte viele Radtouren. Seine Sportbegeisterung überwog seinen Kummer, aus dem deutschen Sport ausgegrenzt zu sein. Am 2. August notierte er: »Bei der Olympiade gewinnt Deutschland 2 goldene Medaillen. Drei Finnen werden Erste im 10.000 m-Lauf. Im Hochsprung siegt für USA der Neger Johnson mit 2.03 m.«

Bernd fieberte der Olympiade entgegen und kommt am 8. August nach Berlin: »An dem Bahnhof werde ich von beiden [Eltern] in Empfang genommen und nach Eisbein-Mahl unter die Linden geführt, die im Scheinwerferlicht und Flaggenschmuck einen unerhörten Eindruck machen. Auch das Schloß, der Dom, und die Nationalgalerie sind angestrahlt, und vor dem Schloß ist ein olympisches Feuer.«

»Sonntag, 9. August, sonnig, 22 Grad.« Bernd schreibt: »Am Nachmittag habe ich mit Jochen Kron zusammen Karten für den letzten Leichtathletik-Tag: Marathon-Lauf, 4 x 400 m Staffel, 4 x 100 m Staffel für Frauen und Hochsprung für Frauen.« Die Freunde beobachten den Marathon-Lauf, den der koreanisch-stämmige Son Kitei gewinnt, der eigentlich Sohn Kee-chung hieß und gezwungen war, für Japan zu starten, das Korea annektiert hatte. Dann verfolgen sie das Staffeldrama im 4 x 100 m Lauf der Frauen. Die deutsche Staffel war Favorit, im Vorlauf Weltrekord gelaufen. »Der Sieg ist der deutschen Staffel nicht mehr zu nehmen«, brüllt der Sprecher ins Mikrofon, dann mit Entsetzen in der Stimme: »Deutschland verliert den Staffelstab!« Hitler und Goebbels waren begeistert von ihren Sitzen gesprungen, setzten sich dann enttäuscht wieder, Hitler schlug sich verärgert auf das Knie. Ob Bernd und Jochen das auch so gesehen haben?

Mit seiner Frankfurter Clubkameradin, der ehemaligen Studentenweltmeisterin im Schwimmen und jüdischen Olympiahoffnung Lolo Baer, die ein paar Tage in Berlin weilt, besucht er am 10. August auf dem Reichssportfeld die Schwimmwettbewerbe: »Lolo Baer holt mich für's Schwimmstadion ab, wo wir Staffelvorläufe sehen, bei denen wunderbare Zeiten geschwommen werden. Den besten Eindruck machen die Japaner mit ihrer Bescheidenheit und Zurückhaltung. Zum Mittagessen kommt Lolo zu uns, um am Nachmittag wieder hinaus zum Schwimmen mit mir zu fahren.«

Zuversicht und Ohnmacht

Die Menschen im Haus gingen ihren Geschäften und Vergnügungen nach. Blech reiste nach Stockholm, wo er an der Königlichen Oper seit 1925 regelmäßig dirigierte und im Juni 1935 zum Hofkapellmeister ernannt wurde. Im März 1935 machte Erna Fiegel mit Mutter und Sohn die große Italien-Rundreise: Venedig, Fiesole, Florenz, Rom, Neapel, Pompeji, Amalfi, Sorrent, Capri, Palermo, Messina, Taormina. Ende August bis Mitte September 1935 fuhr die ganze Familie zur Erholung in die Berge nach Südtirol. 1936 machten Paul und Erna Fiegel Urlaub in Bayern am Chiemsee und, wie häufig, in Österreich in Bad Gastein. Das Jahr darauf verbrachten sie am Balaton in Ungarn.

Elsa Selten reiste im Juli 1938 mit ihrem Sohn Fritz nach Holland in die Sommerferien. Dort trifft sie ihre emigrierte Mutter. Im Seebad Nordwijk wurde ein Foto gemacht, das Fritz neben seiner Großmutter Marie Lustig, geb. Lewin zeigt. Zehn Jahre ist Fritz, fünf Jahre hat er noch zu leben.

Sie machten Urlaubsreisen, von denen sie nie wieder nach Deutschland hätten zurückkehren dürfen, denken wir heute, doch sie kamen

Fritz Georg Selten mit seiner Großmutter, 1938

zurück. Hielten sie den Zeitpunkt für ein Exil noch nicht gekommen? Hielten sie Geschäfte, Besitz, Familie, oder Sprache, Kultur und Heimatgefühl zurück? Glaubten sie, dass sich noch alles zum Besseren wenden könnte?

Erna Fiegel hatte am 17. September 1935 in das Tagebuch geschrieben, das sie ihrem Sohn Bernd übergab: »Mein Herzenskind! Ich lasse am heutigen Tage dieses Buch an Dich zurücklegen. Möge es die guten und frohen Stunden die wir gemeinsam verbringen durften, noch oft zurückbringen und Dich über graue Tage das Bewusstsein erheben, dass – solange wir Drei beieinander sind – es kein Unglück gibt, dass groß genug wäre uns zu erdrücken. Sei fleißig und strebsam, mein Junge, dann wirst Du – aus Dir selbst – den Boden für neues und glückhaftes Beginnen finden.« Hat Erna Fiegel die Flucht vier Jahre später vorausgeahnt?

So wie es Samuel Neumann schon 1933 ergangen war, dem man keine Börsenkarte mehr ausgestellt hatte, erging es jetzt Max Lewy. Zwar hatte er seine Börsenkarte als Händler für Landesprodukte, gültig bis Ende März 1937, noch bekommen, doch wurde ihm schon im Oktober 1936 der Besuch der Börse untersagt. Der Vorsitzende des Getreidewirtschaftsverbandes Kurmark teilte ihm unter dem Betreff: »Kleieablehnung« mit: »Sie sind [...] vom Tage des Einganges dieses Schreibens nicht mehr berechtigt, Mühlennachprodukte aus Roggen und Weizen zu kaufen oder zu verkaufen.« Seine berufliche Existenz war vernichtet.

Anlässlich seines 60. Geburtstages hatte Blech einen der Höhepunkte in seinem Berufsleben feiern können. Sechs Jahre später, im April 1937, erlebte er den Tiefpunkt. Als er zu seinem 66. Geburtstag zwangspensioniert wurde, empfand er ein seelisches Absterben: »Meine Kunst ist fort.« Emil Nikolaus von Reznicek [E.N.] hat den Tag miterlebt. Rezniceks Tochter Felicitas hat diesen Augenblick festgehalten: »›Was das für mich bedeutet, bedarf wohl keiner Erklärung‹, schrieb er [Blech] an meinen Vater. E.N. hatte ihm, als die Nachricht von seiner Verabschiedung durch die Presse ging, einen Besuch abstatten wollen, war aber vom Hausmädchen abgewiesen worden. ›Ich konnte wirklich nicht mehr, und dann kamen Sie‹, fuhr Blech fort. ›So, und nun verstehen Sie wohl alles und verzeihen Sie wohl alles Ihrem traurigen und herzlich grüßenden Leo Blech.‹« In einem anderen Brief schrieb er an E.N., dass ein verwundeter Löwe sich in die Einsamkeit zurückzuziehen pflege.

Gastspiele Blechs Ende 1937 bei der Chicago City Opera waren damit abgesetzt, ließ das Propagandaministerium verlauten. Das Deutsche Generalkonsulat in Chicago teilte dem Auswärtigen Amt in Berlin mit, dass die Oper sein Fernbleiben sehr bedauere, denn man sei entschlossen gewesen, Blech dirigieren zu lassen, obwohl sich »einflussreiche jüdische Kreise [...] unter schärfsten Drohungen gegen sein Auftreten in Chicago gewandt« hatten. Sie warfen ihm vor, noch nach der Machtergreifung aus freien Stücken in Deutschland zu dirigieren, obwohl wirtschaftliche Not ihn hierzu nicht gezwungen hatte. Während Antisemiten die Staatsoper kritisierten, weil Blech noch im Amt war, kritisierten ihn Chicagoer Juden, weil er sein Amt nicht freiwillig aufgegeben habe.

Oscar Bie starb am 21. April 1938, dem Geburtstag seines Freundes Leo Blech. Die deutsche Presse, die ihn bis zur Machtergreifung gefeiert hat, erwähnt seinen Tod nicht. Nur die *Monatsblätter* des Jüdischen Kulturbunds veröffentlichen einen Nachruf. Die Exilzeitung *Pariser Tageszeitung* vermeldet seinen Tod unter der Rubrik »Kurznachrichten«. Zwei Tage nach dem Tod ihres Mannes schrieb seine Witwe Antonie Bie an Gerhart Hauptmann: »Sehr geehrter Herr Doktor, ich habe die traurige Pflicht, Sie vom Ableben meines guten Mannes in Kenntnis zu setzen. Sein Ende war für ihn eine Erlösung von schwerem Leiden. Ihre Toni Bie, Berlin-Grunewald, Charlottenbrunnerstr. 6.« Drei Jahre später kommt sie in Treblinka um. Oscar Bies Nachlass gilt als verschollen.

Arisierung

Jüdische Inhaber mussten 1938 ihre Geschäfte als »Jüdische Gewerbebetriebe« registrieren lassen, dann wurde ihre Schließung mit der »Verordnung zur Ausschaltung der Juden aus dem deutschen Wirtschaftsleben« bis zum Jahresende mit dem Ziel der Arisierung erzwungen. Betroffen waren: Max Jacob 1936, Paul Fiegel 1937, Adolf Chaskel und Peter Neumann 1938, August Brünell 1939.

»Da beide Inhaber der Firma jüdisch waren, konnten sie schließlich das Geschäft nicht mehr fortführen. Es wurde mit Wirkung zum 1. Juli 1937 verkauft. Die Herren Emil Salomon und Paul Fiegel mussten aus der Firma ausscheiden und erhielten seit diesem Zeitpunkt keine Bezüge mehr«, sagt ein früherer Mitarbeiter, Werner Lüttcher, 1956 aus.

Arisierer war der Mühlenbesitzer Kurt Kampffmeyer, der in der Villa Kampffmeyer in Potsdam residierte. *Der Stürmer* war voll des Lobes. Unter der Rubrik »Worüber sich der Berliner freut« (Ausgabe 1938/36) teilte das Blatt mit, die Firma »Benno Fiegel«, sei jetzt ein deutsches Unternehmen und habe veranlasst, dass sämtliche Briefsachen mit einem Stempel folgenden Wortlautes versehen werden: »Wir weisen ausdrücklich darauf hin, dass wir nur von arischen Firmen kaufen.« Der »Schr. D. St.« hat dem hinzugefügt: »Zur Nachahmung empfohlen!«

»Durch Angriffe im ›Stürmer‹ beginnend im Januar 1938 wurde meine Existenz zerschlagen.« Mit dem Satz war alles gesagt, doch ergänzend fügte Adolf Chaskel an: »Ich war Inhaber der Firma Hermann Bursch (Teppich Bursch) Berlin C 2 Spandauer Straße 32«, schrieb er in seinem Antrag an das Entschädigungsamt.

Im *Almanach Kulturbund Deutscher Juden* (Ausgabe 1934/1935) hatte Chaskel eine Anzeige geschaltet: »Teppich Bursch. Deutschlands größtes Fachgeschäft für Teppiche, Möbelstoffe, Gardinen«. Die Firma machte bis 1933 Umsätze von bis zu 6 Millionen RM. 1933 kam es zu ersten Schikanen durch die NS-Betriebszelle. Bis zum Olympiajahr 1936 lief »noch alles erträglich«, gab Chaskel an, und sein Einkommen hielt sich auf beachtlicher Höhe. 1937 der Wendepunkt: »Der Zellenobmann mit seinen Helfershelfern tat alles, um mir und meinen Angehörigen das Leben unerträglich zu machen. Die Umsätze gingen um die Hälfte zurück.«

Dann listete *Der Stürmer* (Ausgabe 1937/41) 23 jüdische Mitarbeiter der Firma Bursch auf. Ein weiterer *Berliner Brief* (Ausgabe 1938/04) bildet wie auf einem Steckbrief Fotos von Adolf Chaskel, seiner Schwester und seines Sohns ab und listet nun Geschäftsfreunde und »arische« Kunden auf. Unter Adolfs Foto steht: »Das ist er – Adolf Chaskel, der Inhaber des Talmud-Betriebes in der Spandauer Straße«, unter dem seines Sohnes: »Gerhard Chaskel – Der vielversprechende Sprössling des Teppichjuden.« Der Artikel diffamiert Chaskel auch als »Drückeberger« im Ersten Weltkrieges und »Inflationsgewinnler«. Der »Talmudbetrieb« gehöre »zu den übelsten Judenbetrieben der Reichshauptstadt«. »Wie lange noch?« Chaskel versuchte sich zu wehren: »Aber als ich noch im Jahre 1937 ablehnte, die Firma zu übergeben [...], wurde ich von der Gestapo in Behandlung genommen. Tägliche stundenlange Bedrohungen in Verbindung mit Angriffen im ›Stürmer‹ zwangen mich, nachzugeben.«

Mitte 1938 meldete *Der Stürmer* in einem weiteren *Berliner Brief* (Ausgabe 1938/24), die Kunden blieben aus, Geschäftsfreunde brachen die Beziehungen ab, die Firma war »judenrein«.

Unter Zwang verkaufte Chaskel am 31. Mai 1938 an Karl Uebel, Chef der Teppich- und Textilwerke AG Adorf, im Vogtland, der späteren Adoros Teppichwerke Uebel oHG. Sieben Wochen später emigrierte Familie Chaskel nach England. Auf den eingeführten Markennamen »Teppich-Bursch«, wollte Uebel nicht verzichten. Dafür bedurfte es einer Genehmigung. Ein Machtpoker begann: Während das Reichswirtschaftsministerium, Abteilung III Jd. (»Judenreferat«) und die Industrie- und Handelskammer zu Berlin sie am 13. Juni 1938 erteilte, ließ die Fachgruppe Textil, Bekleidung, Leder ein Gutachten erstellen, das die IHK umschwenken ließ. Sie teilte dem Amtsgericht Berlin am 7. September 1938 mit, es ginge nicht an, nach einer Arisierung den »jüdischen Begriff« weiter als Firmenbezeichnung zu führen. Karl Uebel reagierte umgehend und trug zynisch dem Amtsgericht vor: »Sowohl der Ausdruck ›Teppich‹ als auch der Ausdruck ›Bursch‹ kann nicht als jüdischer Begriff angesehen werden. [...] Niemand wird bestreiten können, dass die arischen ›Burschen‹ überwiegen«, und dann: »Wenn auf die Veröffentlichung im ›Stürmer‹ angespielt wird, so muss festgestellt werden, dass sich die Angriffe mit Recht gegen den früheren jüdischen Inhaber der Firma Hermann Bursch, Adolf Chaskel, richteten, nicht gegen die Bezeichnung ›Teppich-Bursch‹!« Der neue Eigentümer erachtete die antisemitischen Angriffe im *Stürmer* auf Chaskel als berechtigt. Auf seinen wirtschaftlichen Vorteil bedacht, wollte er aber am allseits bekannten Markennamen mit allen Mitteln festhalten.

Damit stand Uebel nicht alleine. Um dem einen Riegel vorzuschieben, hatte Hermann Göring, »Reichsbeauftragter für den Vierjahresplan« und damit maßgeblich an der systematischen Enteignung deutscher Juden beteiligt, am 12. November 1938 zu einer interministeriellen Konferenz im Reichsluftfahrtministerium eingeladen. Laut stenographischer Mitschrift führte Göring hierzu aus: »Ich habe festgestellt, dass Arier ein jüdisches Geschäft übernommen haben und dann so geschäftstüchtig waren, den Namen dieses jüdischen Geschäftes in irgendeiner Form mit ›vormals‹ beizubehalten oder überhaupt beizubehalten. Das darf nicht sein; das darf ich nicht erlauben. Denn sonst kommen Dinge vor, wie sie jetzt wieder passiert sind, dass Läden eingeschmissen wurden, deren Aushängeschild jüdisch klang und auch einmal jüdisch war, die aber jetzt längst arisiert waren. Hier darf und muss der jüdische Name der früheren Firma restlos ausgelöscht werden, und der Deutsche muss mit seinem Namen und seiner Firmenbezeichnung hervortreten. Ich bitte, dass das ganz klar durchgeführt wird.«

Die Ergebnisse der Konferenz waren auch Uebel bekannt. Dennoch verfolgte er seinen Plan weiter und versuchte ihn mit einem Trick durchzusetzen. Um die Anfangszeichen »T.B.« weiter nutzen zu können, beantragte er die Firmenbezeichnung »Teppich-Haus-Berlin«. Sich an Görings Anordnung haltend, lehnte die IHK nun ab. Er ließ nicht locker. Drei Jahre später übertrug er einem Kaufmann namens Karl Busch Geschäftsanteile und verwendete die Firmenbezeichnung »Teppich-Busch«. Die IHK sah hierin eine »Tarnung«, die der »Verordnung über Firmen von entjudeten Gewerbebetrieben« vom 27. März 1941 zuwiderlaufe, und lehnte den Namen mit Schreiben vom 7. August 1941 an das Amtsgericht Berlin ab. Das Unternehmen entgegnete, die neue Verordnung verbiete es nicht, jemandem Anteile zu übertragen, dessen »einwandfrei arischer Name« an den bisherigen Namen »anklingt«. Im Übrigen vermutete sie, die Stellungnahme der Fachgruppe sei »aus Wettbewerbsgründen erfolgt«. Eine Annahme, die nicht belegt werden kann, aber vorstellbar ist. Ende 1941 wählte Uebel die neutrale Firmierung »Teppich- und Textilhandels-GmbH«. Die IHK stimmte zu.

Mit dem Ende der NS-Zeit wurden die Karten neu gemischt: Uebel wendete sich bereits am 28. August 1945 an das Amtsgericht Berlin und teilte mit, dass der Magistrat mit Antrag vom 10 August 1945 angeordnet habe, »dass unsere jetzige Firmenbezeichnung (die wegen des jüdischen Namens gewählt werden musste) wieder in den alten und sehr bekannten Firmen-Namen ›Teppich Bursch GmbH‹ zurückverwandelt wird.« Sieben Jahre waren vergangen. Nazi-Deutschland gab es nicht mehr. Endlich konnte der Nutznießer der »Arisierung« auch den gewinnbringenden jüdischen Markennamen verwenden.

Im Mai 1938 verzichtete die Wirkwarenfabrik Louis H. Schaarschmidt im sächsischen Limbach-Oberfrohna auf die Dienste ihres Exportleiters für den Mittelmeerraum Oskar Wolkenberg. Der Französisch, Englisch und Italienisch sowie die im Osmanischen Reich üblichen Sprachen Türkisch, Griechisch und Spaniolisch sprechende Wolkenberg bereiste regelmäßig Frankreich, Italien, Ägypten, Marokko, Tunesien, Algerien, Palästina, Syrien, Irak, Malta und Zypern. Erst fünf Jahre zuvor hatte er für die Firma seinen Wohnsitz von Wien nach Berlin verlegt und 1935 mit seiner Frau Hanne, verw. Gutmann, eine Wohnung in der Mommsenstraße 6 bezogen. Bestand die Firma Schaarschmidt darauf, dass ihr Repräsentant in der Hauptstadt domizilierte? Ging er deshalb das Risiko ein, in den NS-Staat zu ziehen? Zum 1. Januar 1939 verlor er auch die Hausverwaltung für die Schwäbische Straße. Der Eigentümer Albert D. Cassivi übertrug sie auf den »Arier«, Otto Bauer.

Oskar Wolkenberg

Nach der Auflösung seiner Tuchhandelsfirma Lauterbach & Co. wechselte Hugo Lauterbach 1933 in die Versicherungswirtschaft. Unter Bezugnahme auf den »Arier-Paragraphen« wurde er 1937 von der Volkswohl-Krankenversicherung entlassen. Die Gilde-Krankenversicherung beschäftigte ihn danach als Organisationsleiter, nicht lange, dann war es auch damit vorbei. Ein Zeugnis wurde ihm verweigert. Erst mehr als fünf Jahre nach dem Ende der NS-Zeit stellte ihm die »Gilde« am 12. Dezember 1951 ein Zeugnis aus und benennt den Kündigungsgrund: »Herr Lauterbach war bis Ende 1938 als einer unserer besten Mitarbeiter als selbständiger Versicherungsvertreter tätig, nachdem er aufgrund der Arierbestimmungen von anderen Gesellschaften entlassen wurde. Obwohl wir seine Anträge, um ihn zu decken, unter anderem Namen laufen ließen, wurde er dennoch, wahrscheinlich von früheren Kollegen, denunziert und aufgrund mehrfacher Verwarnungen des Aufsichtsamtes mussten wir die Zusammenarbeit mit ihm einstellen.« Schlag auf Schlag waren die Quellen versiegt, die den Lebensunterhalt der Familien gesichert hatten.

Zäsur in der antisemitischen Politik des NS-Staates

»Möge der Bau bis in die fernsten Zeiten seiner hohen Bestimmung dienen«, schloss der Text der Grundsteinurkunde für die Synagoge in der Fasanenstraße. Mit den fernsten Zeiten war es nicht weit her. Man hat die Brände gerochen, sie auf den Straßen und aus den Fenstern gesehen, das Klirren von Glas und die Schreie gehört. Die vertraute Synagoge mit den drei Kuppeln, die das Stadtbild prägte, wurde von Angehörigen von SA und SS in der Nacht vom 9. zum 10. November angegriffen. War die Pogromnacht für die Nazis ein Probelauf für die folgenden Gräueltaten? Aus Angst vor Verhaftung kam Paul Fiegel an diesem Abend nicht nach Hause. Die ganze Nacht fuhr er mit der U-Bahn kreuz und quer, erzählte uns sein Enkel Paul Fiegel.

Bernd Fiegels Reisepass

Die Nationalsozialisten trieben ihre Rassenpoltik systematisch voran. Mit dem »Frontkämpferprivileg« war es vorbei. Rechtsanwalt Ernst Selten durfte als Konsulent nur noch jüdische Klienten vertreten.

Um sie als Juden kenntlich zu machen, mussten sie ab dem 1. Januar 1939 einen zusätzlichen »jüdischen« Vornamen annehmen und im Rechts- und Geschäftsverkehr führen. Frauen »Sara«, und Männer »Israel«. Die Namen standen in der mit einem »J« versehenen Kennkarte, die sie jetzt bei sich führen mussten, ebenso in ihrem Reisepass, in den ein rotes, zwei Zentimeter großes

»J« eingestempelt wurde. Auch in den Adress- und Telefonbüchern war der zweite Vorname anzugeben. Jeder sollte wissen, mit wem er es zu tun hat.

Die Ausplünderung der Juden hatte am 18. Mai 1934 begonnen. Die Vermögensgrenze der »Reichsfluchtsteuer« wurde von bislang 200.000 auf 50.000 RM herabgesetzt, der Steuersatz auf 25 Prozent des Gesamtvermögens erhöht. Die Steuer war bereits 1931 von der Regierung Brüning in Höhe von 20 Prozent eingeführt worden, um Kapitalflucht einzudämmen. Daneben mussten die deutschen Juden in ihrer Gesamtheit eine »Judenvermögensabgabe« entrichten als »Sühneleistung« für »die feindliche Haltung des Judentums gegenüber dem deutschen Volk«. Sie wurde für jeden deutschen Juden bei einem Freibetrag von 5.000 RM auf 20 Prozent des Vermögens festgesetzt. Vorwand war das Attentat im November 1938 in Paris auf den Legationssekretär Ernst Eduard vom Rath.

Den staatlich organisierten Raub jüdischen Vermögens zeigen die Abgaben, die Paul Fiegel, Adolf Chaskel und Samuel Neumann zu entrichten hatten, um die Möglichkeit zu bekommen, das Deutsche Reich zu verlassen. Der mit einem Gesamtvermögen von 634.594 RM taxierte Adolf Chaskel musste 1938 insgesamt eine viertel Million RM bezahlen. Bei Paul Fiegel, dessen Vermögen sich auf 336.000 RM belief, trieb das Finanzamt Charlottenburg 150.000 RM ein. Als Mitglied der Jüdischen Gemeinde zu Berlin hatte er eine »Auswandererabgabe« in Höhe von 14.327 RM an die Reichsvereinigung der Juden zu leisten. Sie betrafen auch Chaskel und Neumann. Fiegels Grundbesitz beschlagnahmte die Gestapo. Samuel Neumanns Vermögen belief sich auf zirka 435.000 RM. Die Zwangsabgaben für Reichsfluchtsteuer, Judenvermögensabgabe und Auswandererabgabe betrugen zirka 147.000 RM. Er musste sie bezahlen, obwohl er nicht mehr emigrieren konnte.

Gehen oder Bleiben 1938

»Niemand will sie haben«, hatte die NSDAP-Zeitung *Völkischer Beobachter* im Juli 1938, ein halbes Jahr vor dem Novemberpogrom, voll Häme kommentiert, nachdem sich die 32 Teilnehmerstaaten der »Konferenz von Évian« nicht dazu bereitfinden konnten, jüdische Deutsche aufzunehmen. Nur die Dominikanische Republik, deren Diktator Rafael Trujillo, selbst mit haitianischen Wurzeln, seine Nation »weißer« machen wollte, erteilte Einreisegenehmigungen. Zwischen 1940 und 1945 kamen etwa 600 Juden ins Land, darunter August Brünell, ein früherer Hausbewohner. Nach dem Novemberpogrom gab es keine Ambivalenz mehr.

Die dritte Fluchtwelle setzte ein. Doch ein Aufnahmeland war nicht einfach zu finden, insbesondere für mittellose Juden.

Die Hausbewohner fanden an folgenden Orten Aufnahme: Das Ehepaar Blech Anfang 1938 in Riga, Familie Chaskel im Juli 1938 in London, Max und Alma Jacob im April 1939 in London, Peter und Margot Neumann im August 1939 über London in New York. Familie Fiegel 1939 in Sydney. Elsa Lewy mit ihrem Sohn Werner im September 1938 in Buenos Aires, wohin zwei Jahre zuvor schon ihr Ehemann Max Lewy geflohen war. Sally und Johanna Behrens im März 1939 in Amsterdam.

Zu Blechs Zwangspensionierung im April 1937 äußerte sich die Sopranistin Lisa Otto kurz vor ihrem 90. Geburtstag im November 2009 in einem Interview mit der Zeitschrift *Rondo. Das Klassik & Jazz Magazin:* »Goebbels hatte ihm 1937 gesagt«, erzählte sie: »›Lieber Blech, ich weiß nicht, wie ich Sie halten soll. Bitte gehen Sie nach Schweden zu ihrem Schwiegersohn.‹ Er hat es mir selber erzählt«, fügte sie an. Das Gespräch hatte Robert Fraunholzer mit Lisa Otto geführt. Bei so viel »Gö« hat die Sopranistin die beiden Nazi-Größen Göring und Goebbels verwechselt. Es war Göring, und Blech ging zunächst als Erster Gastdirigent an die lettische Nationaloper in Riga.

Paul Fiegel beantragte am 18. Oktober 1938 die Einreisegenehmigung für Australien. Unter anderen Umständen hätte sein Sohn Bernd das gut gehende Unternehmen weiterführen können. Nun musste er nach anderen Perspektiven suchen, die ihm eine berufliche Existenz im Ausland ermöglichen könnten. In der Hoffnung, bei seinem nach Südafrika emigrierten Onkel Dick Roding Fuß fassen zu können, sammelte er praktische Erfahrungen in einer Ziegelei in Zehdenick, die er ab Juni 1938 in Utrecht in einer Fabrik für feuerfeste Produkte fortsetzte. Nachdem sein Vater das Permit für Australien erhielt, war Bernds Plan hinfällig.

Die Eigentümerin des Hauses Mommsenstraße 6, die Allianz- und Stuttgarter Lebensversicherungs- und Aktiengesellschaft, schrieb am 28. März 1939 an Paul Fiegel: »Wunschgemäß bestätigen wir Ihnen, dass die März-Miete in Höhe von RM 230,-- an uns bezahlt wurde.« Ihre Wohnung war bereits am 16. Februar 1939 von der Allianz dem Generalbauinspektor (GBI) gemeldet und in der »Wohnungsliste 1« aufgenommen worden, die »Judenwohnungen« für den Bezirk Charlottenburg als Mietangebot auswies: »7-Zimmer Mommsenstraße 6, Miete: RM 230,-- Komfort: Fahrst. Zh, zu vermieten per 1.4.39«. Zuständig war der Präsident der »Durchführungsstelle für die Neugestaltung der Reichshauptstadt«, Ernst Zörner. Fiegels mussten ihre neue Einrichtung »verschleudern«, so Erna Fiegel Jahre später in ihrer Eidesstattlichen Erklärung. Den silbernen Chanukkaleuchter nahm sie mit, den geliebten Königspudel »Billie« nicht, den vertraute sie ihrer Schwester Helene Dannenbaum an, die um die Ecke in der Bleibtreustraße 15/16 wohnte.

Ilse Hirschberg, Helene Dannenbaum, Mommsenstraße 6, Sommer 1941

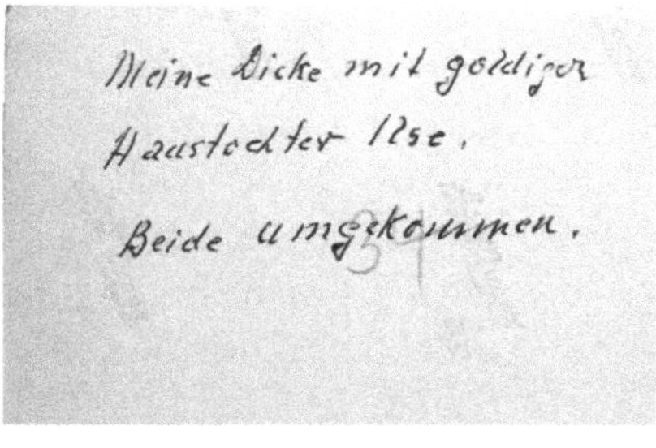

Fotorückseite, von Erna Fiegel nach dem Krieg notiert

Als Paul Fiegel am 21. April 1939 im Reisebüro Wagons-Lits / Cook, Unter den Linden 35 zwei Schiffsbillette kaufte, waren sie schon ins Hotel Stephanie, Ecke Bleibtreustraße/Kurfürstendamm, gezogen. Von hier reisten sie zu ihrem Sohn nach Gouda. Es begann ein Drama, das ihre Flucht beinahe verhindert hätte. Da sie für ihren Sohn ein Flugbillett gekauft hatten, denn seine Ausreise erfolgte später, reichte ihr »Vorzeigegeld« nicht mehr, so dass ihnen die australische Regierung die Einreiseerlaubnis entzog. Nur die rasche finanzielle Hilfe eines Familienmitglieds sicherte ihnen die Einreise. Am 10. Juni 1939 reiste das Ehepaar Fiegel von Rotterdam über Colombo nach Sydney.

Während sie am 20. Juli 1939 dort ankamen, musste Bernd um seine Ausreise bangen: Das britische Konsulat verweigerte ihm das Visum, weil das Permit eine gemeinsame Einreise verlangte. Erst nach Kriegsausbruch, am 3. September 1939, erhielt er es. Die abenteuerliche Reise ist dem KLM-Flugplan von 1939 zu entnehmen: Amsterdam – Marseille – Neapel – Athen – Alexandria – Lydda – Bagdad – Basra – Dschask – Karatschi – Jodhpur – Allahabad – Kalkutta – Rangun – Bangkok – Penang – Medan – Singapur – Palembang – Batavia – Bandung – Surabaya – Denpasar – Kupang – Darwin. Am 8. November 1939 landete er mit dem Flugzeug PH-ALP in Darwin.

Andere Hausbewohner hatten noch kein Aufnahmeland gefunden oder sich für das Bleiben entschieden.

Census 1939: Die Hausbewohner werden gezählt

Im Mai 1939 fanden die Hausbewohner in ihren Briefkästen den Fragebogen zur Volkszählung (VZ), die jüdischen zusätzliche Ergänzungskarten. Diese Sonderzählung erfasste im Gegensatz zur VZ 1933, in der nach der Religionszugehörigkeit gefragt wurde, nun gemäß der »Nürnberger Rassegesetze« die als »jüdisch« eingestuften Personen. Ergänzungskarten mussten die Familien Isaacsohn und Neumann sowie die Schwestern Lehmann und Wechsler ausfüllen. Sie erfassten alle Personen ihres Haushalts. Anna und Abraham Isaacsohn hatten zwei jüdische Untermieterinnen, Margarete Bayer und Paula Rubensohn. Bei Samuel, Peter und Margot Neumann wohnten zwei jüdische Untermieter, Sally Putschinski und Berthold Magner, jüngerer Bruder von Margot Neumann. Sie waren aus ihren Wohnungen vertrieben und hier einquartiert worden. Von zwei Dienstmädchen, beide aus Pommern, erfahren wir die vollständigen Namen: Ella Kuchenbecker arbeitete bei Clara Lehmann und Selma Wechsler. Anna Maria Mademann führte den Haushalt der Familie Isaacsohn. Es ist bemerkenswert, dass die jüdischen Familien trotz aller Repressalien ihre »arischen« Dienstmädchen behielten, doch auch, dass diese trotz der Rassengesetze bei ihrer jüdischen Herrschaft blieben.

Ortsgruppe Mommsen: Zelle 9, Block 7

Die Ortsgruppe Mommsen der NSDAP zog 1936 um in die Mommsenstraße 12, Ecke Wielandstraße. Das Haus gehörte dem Libanesen Abdel-Karim Sibaei, dessen Ost-West-Handelsgesellschaft es verwaltete. Die Mommsenstraße 6 gehörte zu Zelle 9, Block 7 der Ortsgruppe Mommsen. Im Landesarchiv Berlin befindet sich eine dünne Akte mit Unterlagen der »Ortsgruppe Mommsen«, früher Teil der NS-Dokumentation der Staatssicherheit der DDR. Sie enthält ein Blatt alphabetisch mit Namen jüdischer Ärzte (Adler – Flatow) im Gebiet der Ortsgruppe, zwei Blätter »Liste der Vertreter und Handelsreisende Reichsbetriebsgemeinschaft 17 Handel der Ortsgruppe Mommsen«, auf denen vermerkt ist, wer der NSDAP angehört, sowie vier Zettel, die die Teilnahme am Appell am 4. November (ohne Jahresangabe) bescheinigt. Das »Organisationsamt« der Ortsgruppe hat auf der Liste mit den jüdischen Ärzten vermerkt: »Das Verzeichnis für Groß-Berlin kann auf der Ogru eingesehen werden.«

Die Listen geben einen Anhaltspunkt für das Gebiet, das die Ortsgruppe Mommsen umfasste. Zumindest reichte es von der Kantstraße bis zur Lietzenburger Straße in nord-südlicher und von der Uhlandstraße bis zur Giesebrechtstraße in ost-westlicher Ausdehnung. Sie zeigen auch, dass die Ortsgruppe die Bewohner beobachtete, erfasste und dokumentierte.

Die Ortsgruppe gehörte zum Gau Groß-Berlin, Kreis I, Charlottenburg-Spandau. Gauleiter war Joseph Goebbels, Kreisleiter Paul Skoda, Ortsgruppenleiter Karl Specht. Auch gegen NSDAP-Mitglieder ging der Antisemit und Aufsteiger Specht rigoros vor. Er ahndete nicht nur von Stoessels Verhalten als Blockwart, sondern auch Ungenauigkeiten bei der Angabe »arischer« Abstammung, wie bei der Blockwalterin Frida Simson in der Knesebeckstraße, deren Urgroßvater väterlicherseits Jude war.

Durch den Blockwalter, den rangniedrigsten Parteifunktionär innerhalb der NSDAP, erfolgte die soziale Kontrolle, denn er kam am nächsten an die Bewohner heran. Er verfasste Berichte über die Spendenbereitschaft der Volksgenossen bei Haussammlungen und darüber, ob sie an nationalen Feiertagen flaggten. Seine Auskünfte dienten der Beurteilung politischer Zuverlässigkeit. Zu den Blockleitern der Ortsgruppe Mommsen gehörten u.a. ein Malermeister, Gemüsehändler, Hauswart, Aufseher, Schuhmachermeister, zwei Friseure und ein Plättereibetreiber. Ihre in den Erdgeschossen befindlichen Geschäfte waren Anlauf- und Kontaktstellen. Ständige Ortsgruppennaktionen bedingten ständige Hausbesuche. Mit ihren allein in Berlin etwa 700.000 Block- und Zellenleitern gewann die NSDAP einen genauen Überblick über jeden einzelnen Haushalt.

Am 3. Juli 1939 klingelte es bei Rolf Bünger, Arno Franke, Ernst Stoessel von der Heyde und Fritz Georg Zimmermann an der Tür. Die Fragebogen für die »Parteistatistische Erhebung der NSDAP«, die Stand 1. Juli 1939 auszufüllen gewesen waren, wurden eingesammelt.

Die der »Volksgemeinschaft« zugehörigen Hausbewohner bewerteten das NS-Regimes anders als ihre jüdischen Nachbarn. Für sie standen die Erfolge im Vordergrund: Der ökonomische Abwärtsstrudel gestoppt, staatliche Wohlfahrtsorganisationen aufgebaut, Arbeitslosigkeit abgebaut. Schritt für Schritt die Bestimmungen des Versailler Vertrages außer Kraft gesetzt. Ganz ohne Gegenwehr, zum Teil mit Zustimmung und Unterstützung der einstigen Kriegsgegner: Wehrpflicht wieder eingeführt, Rheinland remilitarisiert, Österreichs Anschluss vollzogen, Sudetenland in das Reich eingegliedert. »Hitler gelingt einfach alles«, mutmaßten jetzt auch seine

Gegner. Im März 1939 zerschlug er die Tschechoslowakei vollständig: Böhmen und Mähren wurden Reichsprotektorate, die Slowakei nominell »unabhängig«. Noch ging alles gut. Wen kümmerte da das Elend der jüdischen Nachbarn?

»Welthauptstadt Germania«

Mit seinen Plänen zum Bau einer »Welthauptstadt Germania«, die die nationalsozialistische Ideologie als monumentale Architektur verewigen sollte, hatte Hitler Albert Speer beauftragt, seit 1937 Generalbauinspektor für die Reichshauptstadt (GBI). Die Neugestaltung mit ihren riesig dimensionierten Gebäuden und Achsen erforderte die Vernichtung von ohnehin zu wenig vorhandenem städtischen Wohnraum. In Berlin herrschte Wohnungsnot, der Wohnungsneubau schaffte kaum Ersatz. Der Abbruch der Wohngebäude setzte deren Räumung voraus. »Judenwohnungen«, etwa 12.000 in Berlin, sollten als Ersatz herhalten. Zunächst hielt man sich an die durch Emigration freiwerdenden Wohnungen. Später wurden aktiv auch bewohnte Wohnungen angeboten. In einem Schreiben teilte Werner Dickmann am 8. Februar 1939 dem stellvertretenden Präsidenten der »Durchführungsstelle für die Neugestaltung der Reichshauptstadt« Willi Clahes mit, dass die »Verordnung über die Judenwohnungen« am 13. Februar 1939 in Kraft treten werde. »Ich hoffe, dass alles klappen wird«, fügte er an. »Sonst nichts Neues. Freundlichen Gruß und Heil Hitler!« Speer und Clahes waren Verantwortliche für die systematische Vertreibung der Juden aus ihren Wohnungen und die Zusammenlegung in sogenannten Judenhäusern, als Vorstufe zu ihrer späteren Ghettoisierung, Deportation und Ermordung.

Mit der »Dritten Durchführungsverordnung zur Neugestaltung der Reichshauptstadt«, unterzeichnet von Ernst Zörner, wurde der Mieterschutz für Juden aufgehoben. Ihnen konnte jetzt unverzüglich gekündigt werden. Bei den Vermietern fiel das auf fruchtbaren Boden. Das häufig verwendete Argument, wonach es für »Volksgenossen« unzumutbar sei, in einer Hausgemeinschaft mit Juden zu leben, war nun Gesetz.

Der Reichsvereinigung der Juden in Deutschland (RVJD) wurde von RSHA und Gestapo die Bekanntgabe, Organisation und Durchführung von antijüdischen Verordnungen auferlegt. Martha Mosse, Fritz Wolffs Cousine, arbeitete für die Wohnungsberatungsstelle der RVJD, die im März 1941 angewiesen wurde alle »jüdischen« Wohnungen in »arischen« Häusern aufzulisten. Am 14. Mai 1941 schrieb sie an den GBI: »In der Anlage überreichen wir eine Aufstellung der räumungspflichtigen Mieter, welche bereits eine andere Unterkunft in jüdischem Wohnraum gefunden haben.« Auf die »Judenwohnungen« erhielten bald nicht nur die »Abrissmieter« Zugriff, sondern auch vom Regime protegierte Personen, verdiente Parteigenossen, SS-Angehörige und Staatsbedienstete. Wohnungen jüdischer Mieter wurden laufend erfasst und wöchentlich als Wohnungsnachweise verschickt.

Die aus ihren Wohnungen geworfenen jüdischen Bewohner konnten froh sein, wenn hilfsbereite Verwandte oder gute Freunde sie aufnahmen. »Schachtelung«, nannte man den Vorgang im Nazi-Jargon. Samuel Neumann wurde 1939 aus seiner Wohnung in der Mommsenstraße 6 exmittiert. Er konnte zu seiner Schwester, der Witwe Zella Zippora Rosenberg, in die Badenallee 25 in Charlottenburg ziehen. Seine Wohnungseinrichtung wurde zu »nicht bekannten Preisen verschleudert«. Auch Henny Lappe, die von der Mommsenstraße 6 in die Schlüterstraße 52 umgezogen war, wurde 1939 dort verdrängt. Mit Sohn Henry und ihrem Bruder Max zog sie zur Familie ihrer Schwester Lina Crohn nach Friedenau in die Bennigsenstraße 17. Am 27. November 1941 wurden sie mit dem »7. Transport« vom Bahnhof Grunewald nach Riga deportiert. Als Todesdatum gilt der 30. November 1941. Henry war 11 Jahre alt. Auf der RVJD-Karteikarte ist der November 1941 als »Tag des Austritts« aus der Schule vermerkt. Unter der Rubrik »Neue Schule« steht dick mit Rotstift unterstrichen: »abgewandert!« Ist das der Grund, dass auf der »Residentenliste« im Bundesarchiv bei Henry Lappe vermerkt ist: »abw. Schicksal: Nach unbekanntem Ort emigriert«?

Ganze Viertel in begehrter Lage wurden »judenrein« gemacht. Der obere Teil der Mommsenstraße mit dem Haus Nr. 6 gehörte dazu, wie aus einer vertraulich eingestuften Gebietskarte des GBI

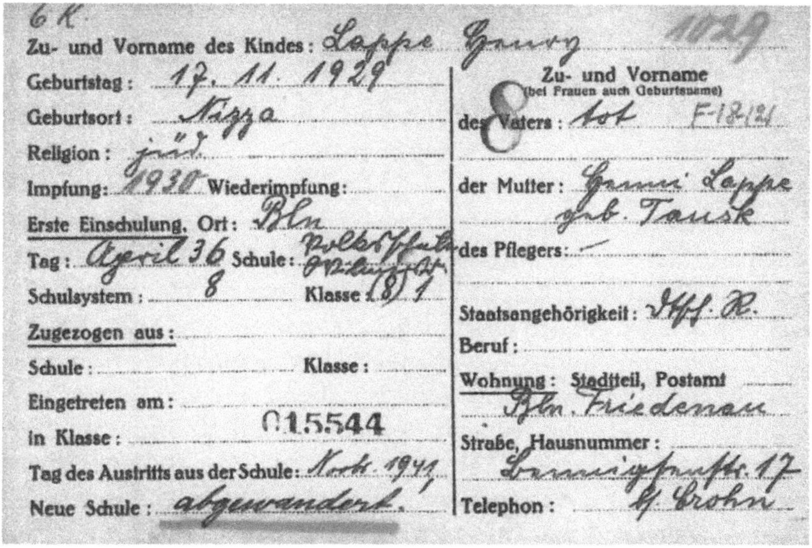

6 K

Zu- und Vorname des Kindes: Lappe Georg

Geburtstag: 17. 11. 1929

Geburtsort: Nizza

Religion: jüd.

Impfung: 1930 Wiederimpfung:

Erste Einschulung, Ort: Bln

Tag: April 36 Schule:

Schulsystem: 8 Klasse (8) 1

Zugezogen aus:

Schule: Klasse:

Eingetreten am:

in Klasse: 015544

Tag des Austritts aus der Schule: Nov. 1941

Neue Schule: abgewandert.

Zu- und Vorname (bei Frauen auch Geburtsname)

des Vaters: tot F-18/21

der Mutter: Jenni Lappe geb. Tausk

des Pflegers: –

Staatsangehörigkeit: Dtsch. R.

Beruf:

Wohnung: Stadtteil, Postamt Bln. Friedenau

Straße, Hausnummer: Bennigsenstr. 17

Telephon: b. Crohn

von 1939 hervorgeht. Abraham und Anna Isaacsohn hatten 23 Jahre in der Mommsenstraße 6 gewohnt. 1939 mussten sie das Haus verlassen und bekamen eine »Judenwohnung« in der Gervinusstraße 24 zugewiesen. Für ein Zimmer zahlten sie monatlich 50 RM. Ihre Untermieterin Margarete Bayer wurde einquartiert bei Professor Dr. Heinrich Silbergleit in der Landgrafenstraße 20. Sally Putschinski, der andere Untermieter bei Isaacsohns musste in die Philippistraße 9 ziehen. Danach wohnten nur die Schwestern Lehmann und Wechsler noch im Haus.

Der Krieg beginnt

Gebannt sitzen die Hausbewohner vor den Radiogeräten, warten auf eine Erklärung, die Hitler für 10 Uhr angekündigt hat. Dann ist es soweit. Polen habe den Sender Gleiwitz angegriffen, verkündete Hitler: »Seit 5:45 wird jetzt zurückgeschossen! Und von jetzt ab wird Bombe mit Bombe vergolten!« Die Wehrmacht marschierte am 1. September 1939 in Polen ein. Am Abend sind alle Fenster der Hauptstadt mit Pappe abgeklebt. Berlin ist wegen der angeordneten Verdunkelung in Finsternis getaucht.

»Das Oberkommando der Wehrmacht gibt bekannt.« Aus den offenen Fenstern hallte der immer gleiche Satz, der die Wehrmachtsberichte einläutete. Sondermeldungen des »Großdeutschen Rundfunks« über militärische Erfolge kündigten sich durch charakteristische Fanfarensignale an. Zu Beginn des Westfeldzugs war das ein Signal, das aus dem Lied die *Wacht am Rhein* stammte, »Frankreich-Fanfare« genannt. Nach dem Angriff auf die Sowjetunion kündigte der Anfangsteil der Schlusspassage aus *Les Préludes* von Franz Liszt, die »Russland-Fanfare«, die Siegesmeldungen der Wehrmacht an.

Die Hausbewohner 1939-1945

Hauswart Richard Arlt wechselt Namensschilder am »Stillen Portier«. Mit Kriegsbeginn und der Vertreibung der jüdischen Hausbewohner veränderte sich die Struktur der Bewohnerschaft im Haus. Noch in den Friedensjahren der NS-Herrschaft hatten Juden und »Arier« jeweils die Hälfte der Bewohner ausgemacht. Ab 1940 belegen die *Berliner Adressbücher* keine jüdischen Hausbewohner mehr, obwohl die Schwestern Lehmann und Wechsler hier noch wohnten. Sie hatten einen Eintrag in das Adressbuch unterlassen oder es untersagt bekommen. Gehörten bis 1939 nur drei Mieter der NSDAP an, stieg deren Zahl bis 1942 auf zehn.

Auch die Berufsstruktur der Bewohner veränderte sich grundlegend gegenüber der wilhelminischen und republikanischen Zeit: Schwarzgewichste Stiefel der Uniformträger knallten im Haus. Luftwaffenoffiziere waren Johannes Hackbarth, William Eisen, Kurt Wenzig und Hugo Freiherr von Zobel zu Giebelstadt, paramilitärischen Gruppen der NSDAP gehörten Heinrich Molsen und Eisen an. Hackbarth, Wenzig und Zobel waren der NSDAP nie beigetreten, Eisens Mitgliedschaft ruhte, gemäß dem Wehrgesetz vom 21. Mai 1935. Paragraph 26: »Die Soldaten dürfen sich politisch nicht betätigen. Die Zugehörigkeit zur NSDAP oder einer ihrer Gliederungen oder zu einem der ihr angeschlossenen Verbände ruht für die Dauer des aktiven Wehrdienstes.« Der Partei gehörten sie nicht an, aber ihren Eid auf Hitler hatten sie geschworen.

Johannes Hackbarth: Der Kampfflieger

War es dem Beruf seines früh verstorbenen Vaters, ehemals Polizeileutnant in Rixdorf, geschuldet, dass Johannes Hackbarth 1924 den Militärdienst als Beruf wählte? Von der Artillerie wechselte er Ende 1933 zur Luftwaffe und begann eine Ausbildung als Pilot. 1939 wird er Adjutant von Generalfeldmarschall Erhard Milch im Stab des Reichsluftfahrtministeriums (RLM) und zieht mit seiner Ehefrau Helga, geb. Pren, in die Mommsenstraße 6. Ende 1939 zum Major befördert, wechselt er vom Stabsamt zu den Offizieren zur besonderen Verwendung (z.b.V.) zum Stellvertreter Görings im RLM und Oberbefehlshabers der Luftwaffe, wiederum Erhard Milch.

Anfang 1940 erhält Hackbarth seine Fronteinweisung beim Kampfgeschwader 30. Ab Mai 1940 ist er beim Luftgeschwader 1, ab Juli Gruppenkommandeur des Armeekorps III, Kampfgeschwader 30, Luftflotte 2 (III/KG 30), wegen seines Wappens auch »Adler-Geschwader« genannt, das dem Befehl von Generalfeldmarschall Albert Kesselring unterstand. Mit der Luftschlacht um England, die im August 1940 mit Angriffen auf den Südosten Englands und Lon-

Johannes Hackbarth, untere Reihe, Mitte (mit Stock)

don begann, wollte das Deutsche Reich eine Kapitulation des Königreiches erzwingen. Zwei Tage nach Beginn der von den Briten »Blitz« genannten Offensive wird Major Hackbarth am 9. September mit seiner KG Junckers Ju88A von Spitfires über der englischen Küste bei Pagham, West Sussex, abgeschossen. Schwer verwundet kommt er in britische Gefangenschaft und liegt noch im Frühjahr 1941 im Royal Herbert Hospital, Woolrich, London. Nach seiner Genesung wird er in das War Camp 23 in Kingwood nahe Godalming in Surrey verlegt. Ein Foto zeigt ihn im Kreis weiterer Offiziere der Luftwaffe in ihren Uniformen. Hackbarth, in der Mitte sitzend, nimmt eine betont soldatische Pose ein.

Hackbarth, Sprecher der internierten Soldaten, kommt am 13. Oktober 1943 aus der Kriegsgefangenschaft zurück. Neugierig sind die Nachbarn, als er nach dreijähriger Abwesenheit wieder das Haus betritt. »Wie ist das möglich?« Das erklärte Angelika Nawroth vom Zentrum für Militärgeschichte und Sozialwissenschaften in Potsdam. Nach jahrelangen Verhandlungen kam es im Oktober 1943 erstmals zu einem Austausch von 5.195 britischen und 5.765 deutschen Soldaten. Das sei während des Zweiten Weltkriegs »eher unüblich« gewesen. Seine Karriere verläuft steil. Er wird zur Führer-Reserve beim Oberbefehlshaber der Luftwaffe bestellt und am 14. April 1944 zum Oberst im Generalstab befördert, danach zum provisorischen Chef des Stabes bei der Dienststelle General der Fliegerausbildung im Reichsluftfahrtministerium.

Mit der Figur Hackbarth schufen die Briten ein Konstrukt ihrer psychologischen Kriegsführung. In Flugblättern, die sie 1943 und 1945 in Italien abwarfen, brachten sie Hackbarth in Verbindung mit Generalfeldmarschall Albert Kesselring. Der Titel des ersten verbreiteten Flugblatts lautet: »Der Soldat Kesselring«, die des folgenden: »Schluß mit der Bonzenwirtschaft«. Der Text verband voneinander unabhängige Realitäten und erzeugte eine Fiktion, die niemand mehr zu durchschauen vermochte.

Der Soldat Albert Kesselring darf Kraftfahrzeuge und Betriebsstoff der Luftwaffe für die Beförderung seiner Familie und Wohnungseinrichtung einsetzen.

Am 4.8.43 bekam der Fahrdienstleiter der Fahrbereitschaft RLM Berlin auf Veranlassung von Kesselring die Anweisung, dem Major Lüdecke einen Personenkraftwagen, einen Lastkraftwagen und jede von Lüdecke angeforderte Menge Kraftstoff zur Verfügung zu stellen.

Mit diesen von der Luftwaffe gestellten Kraftwagen erfolgte am 9., 10. und 11. August die Übersiedelung der Familie Kesselring und ihrer Möbel aus der Wohnung des Oberstleutnants Hackbarth, eines Neffen Kesselrings, Berlin-Charlottenburg, Mommsenstr. 6, auf Major Lüdeckes Rittergut Hornburg Kr. Wolfenbüttel.

Gleichzeitig mit Kesselrings Frau und Mutter und deren Hausangestellter nahmen daran teil: Major Lüdecke mit seiner ältesten Tochter Ulrike, sowie die Frau des Oberstleutnants Hackbarth mit einem Teil ihrer Wohnungseinrichtung.

In der Berliner Wohnung der Hackbarths ist seitdem ein Freund des Hauses namens Hein gemeldet, der die Wohnung vor Einquartierungen durch Bombengeschädigte schützt.

So machen es die Kesselrings.

Jeder andere Soldat ohne Parteiprotektion wäre dafür ... Kriegsgericht gekommen wegen unzulässiger Benutzung einer w... machteigenen Fernsprechleitung, wegen Begünstigung unerlau... Entfernung von der Truppe, wegen Privatfahrten in Kraftwa... der Luftwaffe und Entwendung von Wehrmachtreibstoff.

Der Soldat Albert Kesselring aber geht — wie immer ... straffrei aus; es wurde nicht mal Tatbericht gegen ihn eingereicht...

Denn die parteigeschützten Kesselrings dürfen alles — und ... Gefreite Arsch darf dafür hinhalten.

Die Kesselrings können ihre Familien vor dem Luf... angriff mit Wehrmachttransport aufs sichere Land bringe... Und der Gefreite Arsch kann nach dem Luftangriff, wen... er auf Urlaub kommt, sich die verkohlten Knochen seine... Angehörigen aus den Bombentrümmern zusammensuchen.

Schluß mit der Bonzenwirtschaft!

Schluß mit dem Krieg!

Schluß mit der Bonzenwirtschaft!

Welcher Soldat im Felde würde nicht gern das Diensttelefon benutzen, um anzufragen, ob zuhause nach dem letzten Luftangriff noch alles in Ordnung ist — wenn er könnte!

Welcher Soldat würde nicht gern auf Urlaub fliegen, um seine Familie aus der bedrohten Heimatstadt aufs sichere Land zu retten — wenn er könnte!

Und welcher Soldat würde, wenn er kein Transportmittel dafür auftreiben kann, sein Hab und Gut und seine Angehörigen nicht gern in einem Wehrmacht-LKW aufs Land schaffen — wenn er könnte!

Jeder Soldat möchte das — aber nur die Auserwählten können es.

Nur solche Soldaten wie der **Soldat Albert Kesselring.** Soldaten, die nie im Dreck gelegen und nie im Feuer gestanden haben. Soldaten, für die das Wort „unmöglich" nicht existiert und das Wort „Dienstvorschriften" nur für die Untergebenen da ist.

Britische »Black propaganda«

Nach Bombenangriffen am 27. Juli 1943, von den Alliierten als »Operation Gomorrha« bezeichnet, fegte ein Feuersturm über Hamburg. Weil die Deutschen die Bombenangriffe offenbar stoisch hinnahmen und keineswegs gegen das NS-Regime aufbegehrten, sondern als »Bombenterror« brandmarkten, reagierte der britische Geheimdienst mit einem Flugblatt. Sein Ziel war es, einen Keil zwischen die hohen Offiziere der Wehrmacht und die einfachen Soldaten zu treiben. Das Flugblatt behauptete, dass noch am Tag des Bombenangriffs auf Hamburg, Kesselring von seinem Hauptquartier in Frascati mit seiner Frau telefonierte und sie aufforderte, mit Mutter und Nichte Berlin sofort zu verlassen. Zugleich habe er seinen Freund Major Günther Lüdecke in seinem Stab angewiesen, den Umzug zu organisieren. Vom 9. bis zum 11. August sei »die Übersiedlung der Familie Kesselring und ihrer Möbel aus der Wohnung des Oberstleutnants Hackbarth, eines Neffen Kesselrings, Berlin-Charlottenburg, Mommsenstr. 6, auf Major Lüdeckes Rittergut Hornburg Kr. Wolfenbüttel« erfolgt. Neben Kesselrings Frau und Mutter sei auch Hackbarths Frau mit einem Teil ihrer Wohnungseinrichtung in Sicherheit gebracht worden. Ein Freund des Hauses namens Hein sei danach in der Wohnung gemeldet gewesen, um »die Wohnung von Einquartierungen durch Bombengeschädigte zu schützen«.

Das Flugblatt sollte den deutschen Soldaten die verheerenden Folgen der Bombenangriffe für ihre Angehörigen in der Heimat bewusst machen, ihre Moral untergraben und zeigen, dass es für die höchsten Ränge der Generalität besondere Privilegien gab. Der »Gefreite Arsch« könne sich, wenn er auf Urlaub komme, nur die »verkohlten Knochen seiner Angehörigen aus den Bombentrümmern zusammensuchen«.

Die »schwarze Propaganda« war das Werk mehrerer britischer Geheimdienste, darunter der Ausschuss für Politische Kriegsführung (Political Warfare Executive/PWE). Die beiden Flugblätter gehören zu den PWE H-Series, H 651 und H 1424.

Das Knäuel lässt sich aufschnüren: Es trifft zu, dass Kesselrings Hauptquartier in Frascati bei Rom war, Hackbarths in der Mommsenstraße 6 wohnten, die Stadt Hornburg zum Kreis Wolfenbüttel gehörte. Die Briten wussten, dass Hackbarth Adjutant bei Generalfeldmarschall Milch gewesen war, also dichteten sie ihm die Verbindung zu einem anderen Generalfeldmarschall an, zu Kesselring. Das wirkte glaubhaft, denn beide gehörten dem RLM an. Das Rittergut der Familie Lüdecke in Hornburg ist eine Erfindung. Weder über einen Major Lüdecke in Kesselrings Stab noch über den Platzhalter Hein konnten wir etwas herausfinden.

Das Zentrum für Militärgeschichte und Sozialwissenschaften der Bundeswehr riet, Kontakt zu Dr. Agilolf Keßelring aufzunehmen. Er stellte klar: »Johannes Hackbarth ist mir nicht bekannt. Es handelt sich nicht um einen Neffen / Stiefsohn von GFM Albert Kesselring.« Die einzige Verbindung sieht er darin, dass Kesselring Oberbefehlshaber der 2. Luftflotte war und Hackbarth zur Zeit seines Abschusses als Kommandant der III. Gruppe des Kampfgeschwaders 30 indirekt unter ihm gedient hat.

Doch was hat es mit der Aussage im Flugblatt auf sich, die Familie des Generalfeldmarschalls habe in der Mommsenstraße 6 bei der Familie Hackbarth gewohnt? Dazu Keßelring: »Die Wohnungsgeschichte halte ich für unwahrscheinlich und eher für Propaganda. Die Frau Albert Kesselrings, Pauline, hätte keinen Grund gehabt, in Berlin zu verbleiben, wo ihr Mann sich in Italien aufhielt. Ich nehme an, dass sie sich 1943 bei ihrer Familie in Bayreuth aufhielt.«

Die Briten hatten die Kulisse Mommsenstraße 6 mit der Figur Johannes Hackbarth für ihre »black propaganda« benutzt. Ein Gerücht hält sich: Hackbarth wird in britischen Geschichtsbüchern noch heute zuweilen als Kesselrings Schwiegersohn bezeichnet.

Kurt Wenzig: Generalstabsarzt

Stolz nimmt Wenzig Ende September 1940 die »Medaille zur Erinnerung an den 1. Oktober 1938« entgegen, vergeben an Personen, die sich um die »Wiedervereinigung« des Sudetenlandes mit dem Deutschen Reich besondere Verdienste erworben haben. Diese und andere Angaben sind Bestandteil eines Auktionskatalogs mit seinem Urkundenachlass. Darunter Urkunden mit Originalunterschriften von Hitler, Göring, von Hindenburg und von Blomberg.

Solche Unterschriften auf den Urkunden hatten nur wenige und belegen seinen Rang.

Mit seiner Frau Charlotte und seinen Kindern Klaus (18 Jahre) und Jutta (15 Jahre) zieht er 1940 in die Mommsenstraße 6. Der 1889 in Köln geborene Wenzig stieg während des Ersten Weltkriegs zum Oberarzt auf. Als in Folge des Versailler Vertrages die Streitkräfte reduziert werden mussten, war Wenzig nicht betroffen. Er konnte seine Laufbahn als Militärarzt in der Reichswehr und nach der Machtergreifung in der Wehrmacht fortsetzen. 1934 wurde er zur Luftwaffe versetzt. Doch nun entsteht eine brenzlige Situation für Wenzig. Ihm fehlt eine Urkunde zum Nachweis seiner »deutschblütigen« Abstammung. Ende März 1939 urteilt das Reichsluftfahrtministerium: »Trotz Fehlens einer Taufurkunde der Großmutter väterlicherseits bestehen gegen die Annahme, dass Dr. Wenzig deutschen oder artverwandten Blutes (deutschblütig) im Sinne der Ersten Verordnung zum Reichsbürgergesetz vom 14. November 1935 ist, keine Bedenken. Die arische Abstammung wird anerkannt.« Wenzig gehört zu den hoch dekorierten Offizieren im Zweiten Weltkrieg. 1942 wird er zum Generalstabsarzt ernannt, was dem Rang eines Generalleutnants entspricht.

Die NSDAP-Mitglieder in der Mommsenstraße 6

Von den Hausbewohnern gehörten zehn Männer in der ersten Hälfte der 1940er Jahre der NSDAP an: Ernst Stoessel von der Heyde, Rolf Bünger, Fritz Zimmermann, Arno Franke, A. William Eisen, Albert Brückner, Peter Seiwert, Heinrich Molsen, Wolfgang Pitschke und Oskar Kalbus. Sie gehörten der »Ortsgruppe Mommsen« an.

Von den genannten Personen waren Molsen und von Stoessel vor der Machtergreifung in die NSDAP eingetreten. Brückner, Bünger, Eisen, Franke und Pitschke gleich danach oder nach der Reichstagswahl vom 5. März 1933, spöttisch »Märzgefallene« genannt. Die NSDAP hatte auf die hohe Zahl von Neuanmeldungen mit einer Aufnahmesperre reagiert. Fritz Zimmermann trat im Sommer 1935 der NSDAP bei, nach der vollständigen Aufhebung der Sperre 1939 auch Seiwert und Kalbus, Hugo Matthias gehörte mehreren NS-Unterorganisationen an.

Eisen und Molsen waren Politische Leiter. Zu ihrer Dienstkleidung gehörte eine Pistole PKK mit Tasche. Eisens Uniform bestand aus Stiefeln, Diensthose, Dienstbluse und Leibriemen, Molsens zusätzlich aus Dienstrock, Dienstmütze, Brotbeutel und Feldflasche. Ab 1939 gehörte Molsen SS und SD an, mit einer anderen Uniform.

Der parteistatistischen Erhebung 1939 der NSDAP ist mit der »Religionszugehörigkeit« ein anderes Detail zu entnehmen. Zusätzlich konnte das Merkmal »gottgläubig« verwendet werden. Arno Franke, A. William Eisen, Heinrich Molsen und Fritz Zimmermann haben ihr Kreuz bei »gottgläubig« gemacht. Das Beiwort »Gottgläubige« wurde formell durch Erlass des Reichsinnenministeriums vom 26. November 1936 auf den Melde- und Personalbögen der Einwohnermeldeämter sowie den Personalpapieren eingeführt. In der NS-Zeit war es eine religiöse Identifikationsformel, die eine ideologische Nähe zum Nationalsozialismus auswies. Während der gesamten NS-Zeit blieben die »Gottgläubigen« eine Minderheit. Die VZ 1939 ergab, dass im Reich nur 3,5 Prozent »gottgläubig« waren, in Berlin zehn Prozent. Selbst unter den NSDAP-Mitgliedern waren über zwei Drittel auch Kirchenmitglieder, während sich als »gottgläubig« vorwiegend SS-Mitglieder, Beamte und Parteifunktionäre bekannten.

William Eisen: Rechtsanwalt und Luftwaffenoffizier

Mit William Eisen zieht 1939 ein weiterer Luftwaffenoffizier ins Haus. Geboren 1893 in Coburg, war er aufgewachsen in Berlin. Im »Freikorps Lüttwitz« gehörte er der Flammenwerfer-Abteilung an. Nicht auszuschließen, dass er auch im Krieg Flammangriffe durchgeführt hat, eine grausame Art der Grabenkriegsführung. 1926 wurde er in die Liste der Rechtsanwälte eingetragen. 1933 trat er der NSDAP, dem »Nationalsozialistischen Kraftfahrkorps« (NSKK) und dem SS-Reitersturm bei. Im »NS-Rechtswahrerbund« (NSRB) war er Schulungsleiter. Ein Foto in der NSDAP-Zentralkartei zeigt ihn mit autoritärem Blick und »Hitler-Bärtchen«.

Seine anwaltliche Tätigkeit wirft Fragen auf. 1935 erteilte ihm der Vorstand der Anwaltskammer einen »Verweis« wegen Untreue und Unterschlagung. Seinen Antrag auf Verleihung des Notariats beschied der Landgerichtspräsident 1939 ablehnend. Vielleicht wäre er bei der Juristerei geblieben, hätte er das Notariat bekommen. Nun zog es den ledigen Eisen wieder zum Militär. Ab August 1940 war er Hauptmanns d.R. bei der Luftwaffe.

Beurteilungen der Wehrmacht beschreiben ihn in den ersten Kriegsjahren als »pflichttreuen und zuverlässigen Offizier«, »geraden und aufrichtigen Charakter«, »geistig und körperlich gut veranlagt« und als »voll auf dem Boden des nationalsozialistischen Staates [stehend]«. Dann stockte seine militärische Laufbahn. Das Feldgericht fällte am 25. Juni 1942 ein Urteil: »Auf Grund eines wegen Mangels an Beweisen durch das Feldgericht des Kdr. Generals und Befehlshabers im Luftgau VI eingestellten zivilrechtlichen Verfahrens wegen Untreue und Unterschlagung wurde befohlen, dass E. vorerst nur in nicht selbständiger Stellung einzusetzen sei und scharfe Überwachung seines außerdienstlichen Verhaltens Platz zu greifen habe.« Fortan charakterisierten ihn Beurteilungen als »Mensch mit großem Geltungsbedürfnis« und als »impulsiven Charakter«, »zuweilen leicht erregbar«.

Waren es diese Beurteilungen, die seinen »unermüdlichen Drang zur Front« ausmachten? Hervorgehoben werden seine Kampfeinsätze bei den fliegenden Verbänden gegen die Sowjetunion. 20 Feindflüge werden ihm bescheinigt, darunter drei Einsätze als Bordschütze. Eine »Kriegs-Beurteilung des Stabes Kampfgeschwader 3« vom 18. Juli 1943 kam zu der Einschätzung: »Seine Verwendung in selbständiger Stellung erscheint nunmehr möglich. Als Einheitsführer (Truppenvorgesetzter) ist er voraussichtlich nur wenig geeignet.« Aus der Beförderung zum Major d.R. wurde wieder nichts. Er wurde im Heimatkriegsgebiet eingesetzt, zuletzt für Streifendienst und Fahndung.

Oskar Kalbus: Im Auftrag Goebbels

UFA-Direktor Kalbus reist 1942 nach Rom. Propagandaminister Goebbels hatte ihn zum Internationalen Filmkongress in Rom abgeordnet, wo die deutschen Filmindustriellen vierzehn Länder auf den »zukünftigen europäischen Filmgroßraum vorbereiten bzw. umstellen« sollten. Kalbus setzte durch, dass amerikanische Filme ab Silvester 1942 aus dem Spielplan sämtlicher europäischer Kinos verschwinden sollten. In Goebbels Plänen für eine vom Nationalsozialismus dominierte europäische Filmlandschaft spielte er eine zentrale Rolle. Seine treuen Dienste für das NS-Regime zahlten sich aus: Sein steuerpflichtiges Einkommen stieg von etwa RM 10.000 im Jahre 1920 auf durchschnittlich RM 48.000 während der Kriegsjahre.

Zu Beginn der Recherche existierte das Gerücht, die UFA sei im Haus und Goebbels zweimal zu Besuch gewesen. Die UFA im Haus hat sich mit Kalbus bewahrheitet. Als Propagandaminister und Präsident der Reichskulturkammer galt Goebbels' Interesse dem neuen Medium Film. Kalbus war zwar zuständig für den Verleih, aber es scheint plausibler, dass Goebbels ihn für ein Treffen zu sich zitiert hätte.

Hugo und Elisabeth Matthias: »Abrissmieter«

Schiffbauerdamm 29, Berlin Mitte, sehr gute Lage. Die gesamte Bebauung nördlich der Spree war zum Abriss bestimmt, um den Bau der »Reichshauptstadt Germania« umzusetzen. Der Amtsrat im Reichsinnenministerium Hugo Matthias und seine Frau Elisabeth haben 21 Jahre in dem Haus gewohnt. Im Februar 1941 müssen sie dem Abriss weichen. In Posen hatten sie 1905 geheiratet. Als nach dem Ersten Weltkrieg Teile von Schlesien an Polen fielen, zogen sie nach Berlin. Am 20. Februar 1941 mietet Hugo Matthias bei der Stuttgarter und Allianz Lebensversicherung AG mit Mietberechtigungsschein Nr. 56 des GBI im Vorderhaus, Mommsenstraße 6, die Parterrewohnung links an. Die Wohnung ist auf den Namen Os-

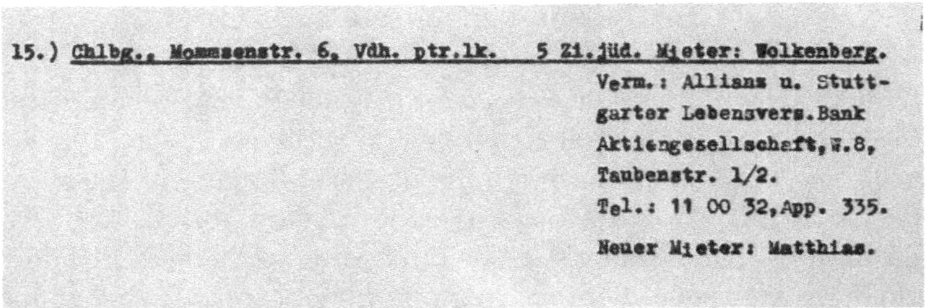

15.) Chlbg., Mommsenstr. 6, Vdh. ptr.lk. 5 Zi.jüd. Mieter: Wolkenberg.
Verm.: Allianz u. Stuttgarter Lebensvers.Bank Aktiengesellschaft, W.8, Taubenstr. 1/2.
Tel.: 11 00 32, App. 335.
Neuer Mieter: Matthias.

Auszug aus der Räumungsliste Nr. 5 des GBI vom 20. Februar 1941

kar Wolkenberg vermietet, der hier seit 1935 mit seiner Frau Hanne wohnt. Auf der Räumungsliste Nr. 5 vom 20. Februar 1941 des GBI ist Oskar Wolkenberg als »jüdischer Mieter« angegeben.

»Im Jahre 1941 wurde ich durch die Jued. Gemeinde aufgefordert, meine Wohnung in der Mommsenstraße 6 zufolge Anordnung der N.S. Behörden zu räumen«, schrieb Wolkenberg in seinem Lebenslauf. »Ich kam natürlich dieser Anordnung nach und stellte die Möbel bei der Firma Oskar Krause, Charlb. Krummestraße ein, die Möbel wurden dann nach Italien verladen«. Er emigrierte im Dezember 1941 nach Mailand. »Um das Deutsche Ausreisevisum nach Italien zu erhalten, musste ich mich drei Nächte hintereinander bei der Polizeidirektion am Alexanderplatz anstellen.«

Das Ehepaar Matthias zieht am 7. Mai 1941 in die leere Wohnung. Die Formulierung, mit der Matthias den Wohnungswechsel in einem Schreiben an das Hauptamt beim Reichsministerium des Innern angibt, klingt wie eine Anklage: »Auf Anordnung des Herrn Generalbauinspektor für die Reichshauptstadt habe ich meine Wohnung in Berlin, Schiffbauerdamm 29 ptr., räumen müssen. Ich wohne jetzt in Berlin-Charlottenburg 2, Mommsenstraße 6 ptr.«.

Heinrich Molsen: Ministerialrat und SS-Hauptsturmführer

Heinrich Molsen zieht 1942 mit seiner Frau Anneliese und ihrem neun Monate alten Sohn, ebenfalls ein Heinrich, in die 2. Etage rechts im Vorderhaus. Er ist 38 Jahre, seine Frau 29 Jahre alt. Molsen stammt aus Hannover. Nach einer Banklehre und dem Jurastudium promovierte er an der Universität Göttingen. Dort gehörte er einer schlagenden Verbindung an. Bei den Mensuren zog er sich zwei Schmisse zu, den einen schräg auf der Stirn, den anderen auf der Wange links unterhalb des Mundes. Bereits am 1. Dezember 1931 trat Molsen der NSDAP bei (Mitgl.-Nr. 809 882).

Unter den zukünftigen Machthabern wird Molsen Karriere machen. Am 1. April 1933 tritt er auch dem SA-Sturm I/M 61 bei. Von August 1932 bis Juli 1933 war er Mitarbeiter in der Rechtsberatungsstelle der Gauleitung Süd-Hannover-Braunschweig der NSDAP, ab 1934 dort stellvertretender Abteilungsleiter, und in der SA Truppführer. Er bearbeitete alle Rechtsangelegenheiten, Dienststrafsachen und die politische Schulung der Staffelangehörigen. Auch nach der Ermordung des Stabschefs der SA Ernst Röhm und weiterer hoher SA-Ränge Ende Juni/Anfang Juli blieb Molsen bis zu seinem Übertritt zur »Schutzstaffel« (SS) im August 1939 bei der SA.

Nach seiner Ernennung zum Gerichtsassessor im Februar 1934 bekleidete er Posten beim Polizeipräsidium in Berlin, der Regierung in Königsberg und dem Reichs- und Preußischen Ministerium des Innern in Berlin. Beim Polizeipräsidium in Berlin leitete er längere Zeit das Dezernat 2 (Linksbewegungen, Juden, Emigranten, Freimaurer) der »Staatspolizeileitstelle«.

Von März 1937 bis Februar 1938 war Molsen ehrenamtlicher Mitarbeiter für das Referat II/2 bei der Außenstelle des »Sicherheitsdienstes« (SD) in Bonn. Dann wurde er zum SD-Abschnitt Braunschweig überwiesen, da er für den Kreis Clausthal-Zellerfeld als Landrat eingesetzt worden war, von Juli 1939 bis Mai 1941 als unabkömmlich-gestellter (UK) »Kriegs-Kreisleiter«. Auch war er stellvertretender Kreisleiter der NSDAP und zugleich Leiter des »Amtes für Rassenpolitik«. Im August 1939 trat Molsen in die SS ein (Mitgl.-Nr. 344 685) und war damit auch Angehöriger des »Sicherheitsdienstes des Reichsführers SS«. Ab 1939 unterstand er dem »Reichssicherheitshauptamt« (RSHA, Amt III (A 3)). Im März 1940 wurde er ehrenamtlicher Leiter der SD-Außenstelle Clausthal-Zellerfeld. Auch innerhalb der SS machte er rasch Karriere: 1940 Untersturmführer, 1941 Obersturmführer, 1942 Hauptsturmführer. Die Beurteilung bei seiner Beförderung zum SS-Untersturmführer lautete: »Dr. Molsen ist ein überaus begabter Mensch mit gewandten Umgangsformen und sicherem Auftreten. Seine SD-mäßige Eignung steht außer Frage«. Seine Beförderung zum SS-Hauptsturmführer wurde so begründet: »Seine Haltung als SS-Führer ist tadellos. [...] Er ist einer der wenigen jungen politisch zuverlässigen Beamten im Reichsinnenministerium (RMdI), denen es gelungen ist, in eine Schlüsselstellung zu gelangen. Seine Mitarbeit beim RSHA, Referat Verfassung und Verwaltung, ist von besonderer Bedeutung, da M. einen maßgeblichen Einfluss auf die Beamtenpolitik der allgemeinen inneren Verwaltung und die Lenkung des Nachwuchses der Verwaltung hat. [...] Eine dienstgradmäßige Förderung des M. liegt im Interesse der SS, da M. im Ministerium als SS-Führer bekannt ist und gewertet wird.«

Für den Dienst im Reichsministerium des Innern wurde er UK gestellt. Im April 1941 war er Referent für Beamtenpolitik und allgemeine Beamtenangelegenheiten (Abteilung III) im RMdI geworden sowie ständiger Vertreter des Präsidenten des »Reichsprüfungsamtes«. Seine Ernennung zum Ministerialrat erfolgte im Oktober 1941. Er arbeitete Staatssekretär Wilhelm Stuckart zu, Mitverfasser der Nürnberger Rassengesetze und Teilnehmer der »Wannsee-Konferenz«.

Für SS-Angehörige waren Heirat und Kinderkriegen keine Privatangelegenheit. Um heiraten zu dürfen, bedurfte es einer eingehenden Prüfung und Genehmigung des RSHA. Ihr mussten sich auch Molsen und seine zukünftige Frau unterziehen. »Ich will, dass die SS-Angehörigen eine rassisch wertvolle gesunde deutsche Familie gründen. Deshalb sind an die zukünftigen Frauen erscheinungsbildlich, gesundheitlich und erbgesundheitlich die höchsten Anforderungen zu stellen.« So steht es in einem Befehl des Reichsführers SS Heinrich Himmler von 1937.

Die auszufüllenden »SS-Ahnentafeln« und »SS-Erbgesundheitsbögen« wurden unter rassischen und erbgesundheitlichen Aspekten überprüft. Der Anneliese Porep untersuchende Arzt hatte die im Ärztlichen Untersuchungsbogen gestellte Frage: »Ist Fortpflanzung im völkischen Sinne wünschenswert?« mit »Ja« beantwortet.

Die dem R.u.S.-Fragebogen beigefügten Fotos zeigen zwei unauffällige junge Menschen. Sie mit offenem, freundlich blickendem Gesicht, das Haar gelockt. Er schütteres Haar, Goldrandbrille, nur die Schmisse fallen auf.

Das RSHA erteilte Molsen am 21. Mai 1940 die Genehmigung zur Heirat, fügte mahnend an: »Die Bescheinigung über die Teilnahme ihrer zukünftigen Ehefrau an den vorgeschriebenen Mütterschulungslehrgängen des Deutschen Frauenbundes ist bis zum 15.5.1941 nachzureichen.« Die Teilnahme der Braut an Ehevorbereitungskursen, spöttisch »Bräuteschulen« genannt, war verpflichtend. Haushaltsführung, Kindererziehung, aber auch Rasse- und Vererbungslehre standen auf dem Lehrplan. Bei seiner Heirat am 1. Juni 1940 trug Molsen zum ersten Mal seine SS-Uniform. Am 14. September 1941 wurde ihr Sohn Heinrich geboren. Bei seiner Beförderung zum SS-Sturmbannführer am 21. Juni 1944 stellte das RSHA fest, dem Beförderungsvorschlag habe die »Erklärung betr. Kinderfrage« nicht beigelegen. Molsen musste sich rechtfertigen. Der behandelnde Arzt habe aufgrund von Komplikationen während der Geburt ihres Sohnes dazu geraten, »den Wunsch nach weiteren Kindern auf mindestens 3 Jahre zurückzustellen«. Er versicherte, seine Frau werde sich sobald wie möglich einer Untersuchung unterziehen.

Wolfgang Pitschke: Im Generalgouvernement

Der Assessor Wolfgang Pitschke zieht Ende 1942 in die Mommsenstraße 6. Es ist die Wohnung seiner Mutter Elisabeth Pitschke, geb. Müsch, die seit 1936 hier wohnte. Mit 23 Jahren war er im Mai 1933 in die NSDAP eingetreten. Während seines Studiums in Marburg gehörte er der dortigen Ortsgruppe und dem Gau Kurhessen an. Die NSDAP-Gaukartei weist aus, dass er 1940 in der Mommsenstraße 12 wohnte, im Haus der NSDAP-Ortsgruppe. Ab 1941 gehörte er als Regierungsrat der Regierung des Generalgouvernements mit Sitz auf der Krakauer Burg und der dortigen NSDAP-Ortsgruppe an. Er arbeitete in der Abteilung S: Treuhandverwaltung in der Hauptabteilung Wirtschaft. Sie verwaltete das geraubte Vermögen der polnischen Bevölkerung und »arisierte« jüdische Betriebe. Einquartiert hatte sich Pitschke bei der Jüdin Zofia Elsa Haas, geb. Rose, in der Sienkiewicza Straße 11. Zum Haushalt gehörten deren Tochter Maria Alina Haas, ihre Mutter Regina Rose und ihre Schwiegermutter Paulina Haas, wie der Fragebogen für die Ausstellung von Kennkarten für Juden ausweist. Darauf hat Zofia Haas handschriftlich notiert: »Reichsdeutsche wohnen in meiner Wohnung in beschlagnahmten Zimmern.« Unter »Besonderes« hat sie angefügt: »Ich bitte ergebenst mit Rücksicht auf meine kranke Mutter, die seit 24 Jahren leidend ist und sich nur schwer bewegt, mir die Erlaubnis zu geben, in Krakau zu bleiben. Ein ärztliches Zeugnis meiner Mutter habe ich in der jüd. Gemeinde beigelegt.«

Suche nach einem Ausweg

Die Nazis erhöhten den Druck auf die jüdische Bevölkerung stetig: Ausgehverbot ab 20 Uhr, im Sommer ab 21 Uhr, Einziehung der Radios, Kündigung der Telefonanschlüsse und Zeitungsabonnements, Verbot der Benutzung öffentlicher Telefone.

Berthold Magner konnte dem Druck nicht standhalten. Er wusste keinen Ausweg mehr. Am 12. April 1940 nahm er sich das Leben. Er war erst 30 Jahre alt. Der Beerdigungsschein nennt als Todesursache »Vergiftung durch Schlafmittel«. Er wurde auf dem Jüdischen Friedhof in Weißensee, Grab Nr. 102997, beigesetzt. Magner stammte aus Jankowo, Landkreis Wongrowitz, Posen. Er wohnte laut der Volkszählung von 1939 im Haushalt der Familie Neumann in der Mommsenstraße 6. Seine Schwester Margot, verheiratet mit Peter Neumann, hatte ihn aufgenommen.

Clara Lehmanns und Selma Wechslers Gefährdung war unterschiedlich. Selma besaß durch die Heirat mit Theophil Wechsler die argentinische Staatsangehörigkeit, die ihr einen gewissen Schutz bot. Clara Lehmann war sich ihrer Lage bewusst. Ihre Taufe schützte sie nicht. Sie saß mit Selma zusammen und zerbrach sich den Kopf bei der Suche nach einem Ausweg. Am 22. Dezember 1939 erklärte sie bei der Jüdischen Kultusvereinigung zu Berlin ihren Austritt aus dem Judentum, wie die Austrittskartei belegt.

Görings schützende Hand über Leo Blech

Blech war noch in Riga, doch häufig Gastdirigent an der Stockholmer Oper, da veröffentlichte das Hetzblatt *Der Stürmer* in der Ausgabe 1939/50 einen infamen Artikel, überschrieben »Judenschweinerei in Schweden« und zitierte die in Kopenhagen erscheinende Zeitung *Faedrelandet*, die in ihrer Ausgabe vom 20. Oktober 1939 geschrieben habe: »Die durch den Anschluss Österreichs in Wien verbotene jüdische Oper ›Kathrin‹, wurde in der sonst so vornehmen Oper Stockholms aufgeführt. Die Oper Korngolds ist ein typischjüdisches Machwerk mit Dirnen, Sklavenhandel, Schändungsversuchen und Mord. Es ist ein nationaler Skandal, diese jüdische Schweinerei unserer vornehmsten Oper und seinem Publikum aufzudrängen. Aber der jüdische Einfluss an unserem Opernhaus ist jetzt so bedeutend, dass man den Niedergang begreift. Nicht weniger als drei jüdische Dirigenten – Leo Blech, Herbert Sandberg und Kurt Bendix sind ›tonangebend‹, obwohl wir tüchtige schwedische Musiker und Opernwerke haben. Wir verlangen eine Reinigung unseres National-Theaters von jüdischen Einflüssen!«

Der Stürmer setzte in einem knappen, den Artikel bewertenden Kommentar, noch einen drauf: »Wir Deutschen freuen uns, den jüdischen Dreck der Nachkriegszeit los zu haben. Nun mag das judenfreundliche Ausland sehen, wie es damit fertig wird.«

Im Sommer 1940 wurde Lettland der Sowjetunion einverleibt, im Jahr darauf von der Wehrmacht besetzt. Nun liefen Blechs Gefahr, ins Rigaer Ghetto verschleppt zu werden. Auf Vermittlung des Generalintendanten Heinz Tietjen, mit Billigung Görings und Unterstützung der Schwedischen Gesandtschaft, konnten sie im September 1941 über Berlin und Saßnitz nach Schweden ausreisen. Mitnehmen konnten sie nichts. »In Berlin völlig alles verloren«, schrieb Blech am 8. April 1947 aus seinem Exil in Stockholm-Stocksund seinem Freund Hans Maeder in Hamburg, »Geld, Möbel, Briefe, Silber, kurz: alles, was in der Mommsenstraße war«. Noch wurden seine Versorgungsbezüge nach Stockholm transferiert.

Das Verhältnis zwischen Göring, dem der Spruch zugeschrieben wird: »Wer Jude ist, bestimme ich«, und Blech wird aus einem Schreiben der Gestapo an Tietjen vom 4. März 1942 deutlich. Darin heißt es: »Nach hiesigen Feststellungen soll der Obengenannte auf Anordnung des Herrn Reichsmarschalls Hermann Göring von dort eine besondere Rente beziehen. Da ich die inländischen Vermögenswerte des Blech zu beschlagnahmen beabsichtige, bitte ich um Mitteilung, ob das Gesagte noch zutrifft. Ferner bitte ich mir mitzuteilen, inwieweit der Ausgewanderte unter dem Schutz des Deutschen Reiches steht. Da ich dem Reichssicherheitshauptamt berichten soll, bitte ich um tunlichste Beschleunigung.«

»Ob wirklich Göring, wie er vorgibt, Leo Blech zur Auswanderung nach Schweden verholfen hat, bleibe dahingestellt«, zweifelt der emigrierte Musiker und Journalist Artur Holde von der New Yorker Emigrantenzeitschrift *Aufbau* am 3. Mai 1946 nach einem Interview mit Blech dessen Aussage an. Die existenzielle Gefahr, in der sich Blechs befanden, geht aus dem oben genannten Brief an Maeder hervor, in dem es kurz und knapp heißt: »41 in Riga in allerhöchster Lebensgefahr (resp. Ghetto-Gefahr.) Durch Tietjen via Göring 1 Minute vor 12.«

Familie Selten: Vergebliche Suche nach einem Aufnahmeland

Beispielhaft für die Dilemmata, vor denen die Verfolgten standen, stehen die Bemühungen von Ernst Selten, ein Aufnahmeland zu finden. Ab Oktober 1938 korrespondierte er mit der Cousine seiner Frau, der bereits emigrierten Irene Sachs, die sich um ein Affidavit bemühte. Beim Lesen der Briefe, die im Besitz von Nic Pulford und seiner Frau Tricia Lustig sind, meint man die Gefühle von Elsa, Ernst und Fritz Selten nachvollziehen zu können, die geweckten Hoffnungen, die enttäuschten Erwartungen, ein ständiges Auf und Ab, während sich die Schlinge um sie immer enger zieht. Sie hatten keine Chance, sich aus ihr zu lösen. Seinen letzten Brief schrieb er im Juli 1941.

Der erste Hoffnungsschimmer ergab sich durch das Affidavit, das Irene Sachs und ihr Mann Curt im September 1938 für sie abgaben, doch er trübte sich ein, als sie erkannten, dass es angesichts der Quoten und der Tausende, die emigrieren wollten, keine Gewähr für eine Einreise in die USA bedeutete. Die »Reichskristallnacht« versetzte sie in Angst und Schrecken. Sie griffen jetzt nach jedem sich bietenden Strohhalm, der Rettung hätte bedeuten können und wandten sich auch an andere mit der Bitte um Unterstützung. Seltens ehemaliger Sozius, der nach New York emigrierte Silvio Bodländer, zahlte für ihn, seine Frau Elsa und seinen Sohn Fritz 640 Dollar ein, wie der Einzahlungskarte des Jewish Transmigration Bureau zu entnehmen ist.

Hilfe erbat er auch von anderen. Mitte Dezember 1938 schrieb er an Morton Selten, MGM, Hollywood, in dem er ob des Namens einen Verwandten erhoffte, nahm Bezug auf zwei Filme, verwies auf einen in die USA ausgewanderten Onkel, von dem man nichts mehr gehört habe, und brachte seine Hoffnung zum Ausdruck, mit seiner Hilfe die Wartezeit auf die herbeigesehnte »quota-number« abkürzen zu können. Hätte es schon Wikipedia gegeben, hätte er festgestellt, dass Morton Selten ein britischer Bühnen- und Filmschauspieler war, Selten sein Künstlername, sein Geburtsname Morton Stubbs. Und er hätte mitbekommen, dass sich das hartnäckige Gerücht hielt, Stubbs sei der illegitime Sohn des damals 19-jährigen Prince of Wales, Eduard VII, des späteren Königs. Ob Ernst Selten jemals eine Antwort erhalten hat? An diesen Strohhalm konnte sich seine Familie nicht klammern.

Anrührend ist Elsa Seltens Brief vom 12. März 1939 an Irene Sachs, belegt er doch die Qualen, die sie empfand, nachdem Irene ihr vorgeschlagen hatte, den kleinen elfjährigen Fritz nach Amsterdam zu schicken, wo Elsas Brüder Harry und Gustav mit ihren Familien lebten. »Ich könnte es nicht ertragen«, legte Elsa ihre Gefühle offen, »den doch noch sehr schutzbedürftigen Jungen auf unabsehbare Zeit in fremde Hände zu geben.« Die Familie sollte zusammenbleiben, ging es doch darum, das Land gemeinsam zu verlassen, sobald ein Fluchtort gefunden wäre. Irene Sachs hatte auch England und Übersee als Fluchtziel für Fritz ins Spiel gebracht. Hierzu schrieb

Elsa: »Auch für England werden Garantien verlangt, und um nach Übersee zu kommen muß man Waise – möglichst Vollwaise sein.« Es gab kein richtig oder falsch – damals nicht und auch nicht aus heutiger Sicht.

Die Zerrissenheit ihres Mannes bringen die Briefe vom April 1939 und November 1940 zum Ausdruck. Es ging um das Permit für Kuba, das sie als ein sehr großes Glück erachteten, denn sie bekamen »laut telegraf. Nachricht unserer Vertretung in Habana die Einreiseerlaubnis für C. [Cuba] unter der Voraussetzung, dass wir im Besitz einer Hin- und Rückfahrkarte seien.«

Kein Zweifel, dass die Seltens die Kuba-Lösung genutzt hätten, denn: »C. hat den ungeheuren Vorzug, dass es nicht in Europa und nicht zu weit weg vom Endziel ist. Hoffen wir, dass wir es erreichen.« Als Endziel meinte er die USA. Doch die Fahrkarten für eine Passage nach Kuba kaufte er nicht. Im Hapag-Büro hatte er die Auskunft bekommen, dass für das im Mai eingesetzte Schiff keine Passage mehr möglich sei, doch vielleicht im November oder Dezember. Das Schiff war die MS St. Louis.

Den Vorfall, der sich vor Kuba ereignete, hat er in einem Brief an Irene Sachs vom 5. Juni 1939 festgehalten: »Den Passagieren wurde die Landung verweigert, obwohl die Annullierung der Permits erst bekannt geworden war, nachdem das Schiff schon lange Hamburg verlassen hatte und beinahe in Habana eingetroffen war. [...] Der am 27. Mai von Hamburg abgefahrene Dampfer Orinoco ist jedenfalls nur bis Antwerpen gelangt und von dort zurückbeordert worden.«

Weder die USA noch Kanada hatten die Passagiere an Land gelassen. Als sie in Antwerpen von Bord gingen, wurden sie auf England, Belgien, Frankreich und die Niederlande verteilt. Die von England aufgenommenen Emigranten waren in Sicherheit, von den anderen wurden 254 im Holocaust ermordet.

Im Hinblick auf die »mitzunehmenden Sachen« war sich das Ehepaar Selten nicht einig. Während Ernst Selten den Rat von Irene Sachs teilte, sich »mit Möbeln zu beschränken«, war für Elsa eine »Beschränkung der Mitnahme unserer Sachen auf's Alleräußerste etwas unsagbar Schweres«, ja, sie dachte darüber nach, »etwas von den Dingen mitzubringen, die ihr uns damals bei Eurer Auflösung hier gelassen habt«, ließ sie ihre Cousine an ihren Gedanken teilhaben.

Ernst Seltens nächster Brief ist vom 17. November 1940 datiert und zeigt seine Niedergeschlagenheit angesichts ihrer Aussichtslosigkeit: »Die Lage ist z. Zt. so, dass unsere Aussichten, nach U.S.A. zu kommen praktisch so ziemlich gleich Null sind. Visen werden nur in ganz seltenen Ausnahmefällen gegeben, zu denen der unserige sicher nicht zählen wird. Dennoch möchten wir nicht gern, unsere einzige und letzte Chance, so minimal sie auch sein möge, für immer verlieren.« Und so baten sie Curt und Irene Sachs um Erneuerung des Affidavits.

Währenddessen engagierte sich Ernst Selten weiter als Konsulent für seine jüdischen Klienten, Fritz besuchte eine für jüdische Kinder bestimmte Schule, man traf Familienangehörige. Vielleicht gab es für Seltens bis zuletzt noch ein Fünkchen Hoffnung. Doch sie erhielten kein Visum. Die Quoten für die Immigration waren ausgeschöpft.

Knapp zwei Jahre nach Kriegsende schrieb Irene Sachs an Elsa Seltens Brüder Harry und Gustav Lustig, nicht wissend, dass auch Gustav, seine Frau und ihrer beider Kinder ein Opfer der Shoa geworden waren: »Im Sommer habe ich auf Anfrage bei der Jüdischen Gemeinde in Berlin erfahren, dass unsere lieben Ernst und Elsa und auch Fritz nicht mehr am Leben sind.« Sie waren am 24. Juni 1942 nach Minsk deportiert worden, von dort nach Maly Trostinec, wo sie ermordet wurden. Das Amtsgericht Charlottenburg legte in einem Beschluss vom 27. Juni 1950 den Tod auf den 31. Dezember 1942 fest.

Samuel Neumann, Clara Lehman und Selma Wechsler bleiben

Aus dieser Zeit gibt es Briefe, die Samuel Neumann an seinen Sohn Peter geschrieben hat. Peter Newman, das war jetzt sein Name, hat sie als Nachweis für »Ansprüche auf Schaden an Freiheit und an Vermögen« für seinen Vater an das Entschädigungsamt in Berlin geschickt. »Wie sieht es eigentlich mit Euren Pässen aus?«, fragte Samuel am 4. Oktober 1940 seinen Sohn. »Ihr werdet doch in England keine Gelegenheit gehabt haben, denselben zu verlängern. Da Deine Steuern restlos in Ordnung sind, empfiehlt es sich den deutschen Pass zu verlängern. Im Augenblick ist es egal, aber wer weiß, was in der Zukunft Schosse schlummert.« Er hatte die Hoffnung nicht aufgegeben, dass sich die Dinge noch ändern könnten.

Im gleichen Brief teilte er mit: »Vom Dez. haben wir kein Tel. mehr. Bei mir ruft doch kaum jemand an. Entweder sind meine Leute tot oder ausgewandert.« Und fährt fort: »... ich würde es auch gern, wenn ich einen Teil meines Geldes mitnehmen könnte. Mit 77 Jahren kann man leider nicht mehr arbeiten.« Im März 1941 nahm er Bezug auf die »Auswandererabgabe« in Höhe von 15.000 RM, die sein Sohn Mitte Juli 1939 für ihn eingezahlt hatte: »Ich rede mir doch ein, dass ich doch nicht mehr fort komme & dann noch ein Anrecht darauf habe. Sollte ich aber doch noch vor meinem Tode fortmüssen, so ist es besser, es bleibt wo es ist.«

Peter Newman bemühte sich um eine Einreise seines Vaters nach Kuba. Der zeigte sich in einem Brief vom 10. November 1941 wenig begeistert: »Das ist auch nicht angenehm, dass wir uns in Kuba wegen der Entfernung kaum sehen werden.« Doch wohin auch immer. Es war zu spät. Am 23. Oktober 1941 erließ das RSHA ein generelles Ausreiseverbot für Juden.

Auch Clara Lehmann und Selma Wechsler waren geblieben. Bei einem Telefonat mit Dietgard Meyer, einer Nichte der Schwestern, haben wir gefragt: »Warum haben die Schwestern das Land nicht verlassen?« – »Sie waren so deutsch, so preußisch«, war ihre Antwort, als wäre damit alles gesagt.

Ein Wohnungsraub und seine Folgen

Molsen drückt den Klingelknopf an der Haustür. Der Besuch kommt für Clara Lehmann und Selma Wechsler nicht unangemeldet. Ein Schreiben der Jüdischen Kultusvereinigung zu Berlin hat sie darauf vorbereitet. Herr und Frau Molsen wollen ihre Wohnung in Augenschein nehmen. Und doch sind sie entsetzt, vielleicht zornig, jedenfalls ratlos: »Was geschieht mit uns?«

Öffnen die Schwestern selbst oder schicken sie Ella Kuchenbecker, ihr langjähriges Dienstmädchen? Neben dem Namensschild ist die Wohnung mit einem »Judenstern« gekennzeichnet, hat Dietgard Meyer erzählt. Seit dem 1. April 1942 war das vorgeschrieben. Aus den offenen Fenstern sehen sie an diesem Frühlingsmorgen im Gartenhof das zarte Grün der Kastanie, hören das Plätschern des Springbrunnens und das vielstimmige Konzert der Vögel. Nehmen sie es wahr? Ist im Angesicht der unmittelbaren Bedrohung der Zauber spürbar?

Seit dreißig Jahren wohnen die Schwestern in der Mommsenstraße 6, II. Etage rechts im Vorderhaus. Zwei kleine, zierliche Frauen, gebildet, aus wohlhabendem Elternhaus. Clara ist 77 Jahre, Selma 74 Jahre alt. Wie mögen Molsens auf sie gewirkt haben?

Das junge Ehepaar besichtigt die Wohnung. Sie gefällt ihnen. Molsen teilt das mit dem »Mietberechtigungsschein 2045« dem Eigentümer des Hauses, der Allianz u. Stuttgarter Lebensvers. AG, mit. Der setzte dem Mietvertrag mit den »jüdischen« Mietern den Neumieter darüber. Der Vorgang nannte sich »Entmietung« und »Ermietung«. Die Schwestern wurden »entmietet«, Molsen »ermietete« die Wohnung. Die Räumungsliste Nr. 56 a vom 28. März 1942 besagt, dass die »jüd. Mieter: Wechsler-Lehmann« die Wohnung bis zum 15. April 1942 räumen müssen. Dies war der Wunschtermin des neuen Mieters »Min-Rat Dr. Molsen, Reichmin. d. Innern, Unter den Linden 72«.

Die Juden beraubte man damit ihrer letzten Zufluchtsstätte, die eigene Wohnung. Die Schwestern bekamen drei Wochen Zeit, um ihre Wohnung zu verlassen. SS-Hauptsturmführer Wilhelm Eckold, zur Leibgarde Hitlers in der Wolfsschanze gehörend, forderte: »Termin: s o f o r t!« So heißt es in der Räumungsliste 51 a vom 18. Februar 1942, mit der Eckold, zuletzt Prinz-Albrecht Straße 8, Adresse des RSHA, den jüdischen Mieter Dr. Alfred Waller, der im Haus gegenüber wohnte, Mommsenstraße 67, Vh. III. Etage links, ohne Zeitverzug aus seiner Wohnung schmiss.

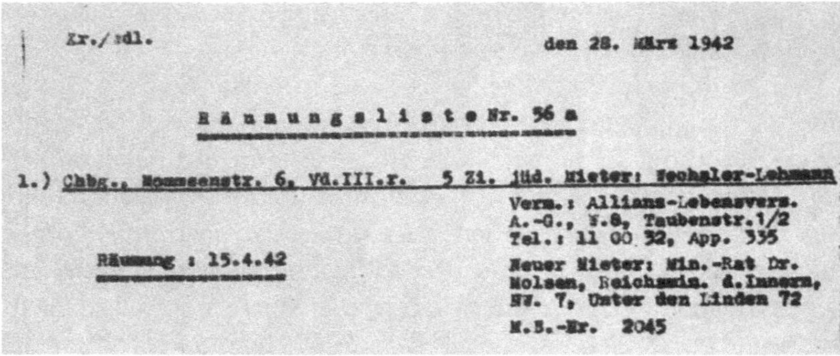

Kr./Sdl.

den 28. März 1942

Räumungsliste Nr. 56 a

1.) Chbg., Mommsenstr. 6, Vd.III.r. 5 Zi. jüd. Mieter: Wechsler-Lehmann

Verm.: Allianz-Lebensvers. A.-G., W.8, Taubenstr.1/2 Tel.: 11 00 32, App. 335

Räumung : 15.4.42

Neuer Mieter: Min.-Rat Dr. Wolsen, Reichsmin. d.Innern, NW. 7, Unter den Linden 72

M.S.-Nr. 2045

Auszug aus der Räumungsliste

Ein Teil der Möbel der Schwestern wurde durch ihnen unbekannte Männer, wie Selma Wechsler später aussagte, aus der Wohnung fortgenommen, ein anderer Teil auf einem Speicher der Speditionsfirma Krause in Charlottenburg untergestellt. Die Möbel sind dort während des Krieges verbrannt.

Die Schwestern ziehen am 16. Juni 1942 in die Leistikowstraße 2, zwei Monate nach der angeordneten Räumung ihrer Wohnung. Sie bekommen ein Zimmer in der Wohnung des jüdischen Bewohners Dr. Hans Heller zugewiesen, für das Selma Wechsler 50 RM Miete bezahlt. »Vom Hörensagen«, erzählte Dietgard Meyer, »habe ich mitbekommen, dass die Schwestern ausziehen müssen, doch nichts Genaueres.« Sie habe die Tanten besuchen wollen und sei vom Ku'damm kommend in die Mommsenstraße eingebogen, da habe sie es gesehen: »Zwei Männer, einer rechts, der andere links, haben sie von hinten in einen Bus geschoben.«

Mit den Schwestern wurden 1942 die letzten jüdischen Hausbewohner ihrer Wohnung beraubt. Die Mommsenstraße 6 war »judenrein«. In der Wohnung nebenan wohnte seit 1937/38 Familie von Zobel. Sie kennen die Schwestern. Was mögen sie von dem »Wohnungsraub« und ihren neuen Nachbarn gehalten haben?

In der Leistikowstraße 2 leben die Schwestern nur zwei Monate, dann erhält Clara Lehmann die Mitteilung, dass sie nach Theresienstadt »umgesiedelt« wird. Hat sie auch einen »Heimeinkaufsvertrag« abgeschlossen und sich für monatliche 150 RM »auf Lebenszeit« einen Heimplatz in Theresienstadt gekauft, Verpflegung und ärztliche Betreuung inklusive? Auch Selma Wechsler muß die Leistikowstraße verlassen. Ihre Wege trennen sich für immer.

Die wenigen ihnen verbliebenen Sachen wurden »verwertet«, bestätigt die Akte des Oberfinanzpräsidenten. In Selma Wechslers Lebenslauf steht: »Da ich selber in jener Zeit dauernd gehetzt wurde und mich nur durch meinen argentinischen Pass den Verfolgungen entziehen konnte, konnte ich von meinen Sachen nichts retten ...« Wo die Vierundsiebzigjährige sich von Mitte August 1942 bis Januar 1944 aufgehalten hat, ist nicht bekannt. Wie es ihr danach ergangen ist, zeigt ein Fragebogen, den sie am 1. Dezember 1947 im D.P. Camp Jordanbad ausgefüllt hat. Auf die Frage nach ihren Aufenthaltsorten hat sie geschrieben: »... ab Januar 1944 in einem Transitlager in Berlin interniert; im November 1944 in das Internierungslager Liebenau in Württemberg verbracht.« Die Verlegung war durch Vermittlung des Schwedischen Roten Kreuzes erfolgt. Das »Ilag V Liebenau« nahe Friedrichshafen am Bodensee war 1940 im ehemaligen Schloss als Internierungslager für Frauen aus »Feindländern« eingerichtet worden. Himmler behielt sich ihre Verwendung als »Austauschjuden« vor, um deutsche Internierte im Ausland freipressen zu können. Nach der Befreiung wurde es in ein Lager für Displaced Persons (D.P.) umgewandelt. Selma Wechsler hat mehr als ein Jahr untergetaucht in Berlin gelebt. Wie und wo, hat sie für sich behalten.

Selma Wechsler, DP Camp Jordanbad, 1948

Bei Clara Lehmann und ihren langjährigen Nachbarn Abraham und Anna Isaacsohn geht die Benachrichtigung ein, dass sie nach Theresienstadt umgesiedelt werden, eine Kleinstadt am Rande des Böhmischen Mittelgebirges, zirka 60 Kilometer nordwestlich von Prag, am Zusammenfluss von Eger und Elbe. Dahin soll die »Wohnsitzverlegung« erfolgen. Sicherlich wussten sie, dass sie kein Altersheim erwartete. Ob sie die Aussicht, in einer Stadt untergebracht zu werden, nicht in Barackenlagern, wie man das von den Transporten in den Osten hörte, getröstet hat?

Abraham Isaacsohn

Die Isaacsohns mussten sich im Jüdischen Altersheim in der Großen Hamburger Straße einfinden, das zum Sammellager umfunktioniert worden war. Der Justizrat Abraham Isaacsohn – genannt Albert – war noch zur Kaiserzeit zum Notar ernannt worden. Er war erfolgreich. Sein Einkommen belief sich auf zirka 8.000 bis 12.000 RM. Seine 6-Zimmer-Wohnung im Haus kostete 250 RM monatlich. Er beschäftigte Hauspersonal und unternahm mit seiner Frau jedes Jahr längere Reisen. Unter dem Pseudonym Albert Knaus soll er sich auch als Librettist einen Namen gemacht haben.

Da die Kapazität für die »Großen Alterstransporte« mit jeweils etwa 1.000 Personen nicht ausreichte, bestimmte die Gestapo weitere acht jüdische Heime als provisorische Sammellager, darunter die Artilleriestraße 31 in Mitte, bis 1939 Sitz der israelischen Synagogen-Gemeinde »Adass Jisroel«. Hierher kam Clara Lehmann, wie es die Transportliste ausweist. In den Sammellagern wurden sie notdürftig untergebracht. Kriminaloberassistent Walter Dobberke aus dem Judenreferat der Stapoleitstelle war der Lagerleiter. Ein Gerichtsvollzieher händigte ihnen eine Urkunde aus, mit der ihr verbliebenes Eigentum zum »staats- und volksfeindlichen Vermögen« erklärt und für das Reich beschlagnahmt wurde. Eine solche Einzelfallentscheidung war erforderlich, um das jüdische Vermögen formaljuristisch »legal« einziehen zu können. Da das Reichsprotektorat Böhmen und Mähren, zu dem Theresienstadt gehörte, nicht als Ausland galt, griff die 11. Verordnung zum Reichsbürgergesetz vom 25. November 1941 nicht, wonach das Vermögen eines Juden beim Verlassen des Reichsgebietes dem Reich zufallen sollte. Ob solche juristischen Spitzfindigkeiten den früheren Rechtsanwalt und Notar Abraham Isaacsohn noch umgetrieben haben?

Die Sammellager waren die letzten Orte, an denen sie sich aufhielten, bevor sie zu den Bahnhöfen transportiert wurden. Am 17. August 1942, einem Montag, stehen die drei langjährigen Nachbarn mit 999 weiteren jüdischen Bürgern am Bahnhof Grunewald, um mit dem »1. Großen Alterstransport I/46« nach Theresienstadt transportiert zu werden. Ob sie sich noch begegnet sind? Die Behörden arbeiteten akribisch. Clara Lehmanns Name mit Kennkarten-Nr. A 368534 findet sich auf der Transportliste 140 mit der Transportnummer 0 6456, die Namen von Abraham Isaacsohn mit Kennkarten-Nr. A 368020 und Anna Isaacsohn auf der Transportliste 147 mit den Transportnummern 0 6871 und 0 6872.

Clara Lehmann war nur 35 Tage im Altersghetto Theresienstadt. Am 21. September 1942 wird sie mit »Sonderzug Bp« in das Vernichtungslager Treblinka verlegt, wo sich ihre Spur verliert. Der »Heimeinkaufsvertrag« hatte das Recht auf Unterbringung »auch außerhalb des Altreichs« vorgesehen, formaljuristisch war alles »legal«.

Abraham Isaacsohn lebt nach der Ankunft im Lager noch 39 Tage. Am 25. September 1942 stirbt er. Die Ärztin Dr. Isa Herrmann betritt Zimmer Nr. 177 in Baracke IV. und trägt in die Todesfallanzeige 218 »Herzschwäche« (Adynamia cordis) ein. Den Todeszeitpunkt legt sie auf 7.30 Uhr fest. Als behandelnde Ärztin nennt sie Dr. Helene Gutmann. Nur 40 Tage nach ihrem Ehemann stirbt auch Anna Isaacsohn; zwei Tage darauf erfolgte die Einäscherung. Margarethe Bayer, einquartiert bei den Isaacsohns, wurde am 14. November 1941 mit dem »5. Transport« vom Güterbahnhof Grunewald nach Minsk deportiert. Sie gilt als verschollen.

Legalisierung der Enteignung jüdischen Vermögens

Am 18. Oktober 1941 startete vom Bahnhof Grunewald der erste Zug mit Berliner Juden, im offiziellen Sprachgebrauch verschleiernd »Abwanderung«, »Evakuierung« oder »Umsiedlung« genannt. Ihr gesamtes Vermögen verfiel dem Deutschen Reich. Um die Rechts- und Eigentumsverhältnisse nicht in Frage zu stellen, gab der NS-Staat mit der »11. Verordnung zum Reichsbürgergesetz« vom 25. November 1941 der fiskalischen Ausplünderung eine legale Basis.

Die Mühlen der NS-Bürokratie mahlten peinlich genau. Zeitgleich zu Clara Lehmanns Deportation ging ihr an ihre letzte Wohnadresse der »Reichsfluchtsteuerbescheid« in Höhe von 12.640 RM zu, fällig am 17. August 1942. Obgleich die Möglichkeit bestanden hätte, ihr Vermögen in Gänze einzuziehen, wurde zunächst die »Reichsfluchtsteuer« erhoben. Alles musste seine Ordnung haben. Die Gestapo teilte dem Oberfinanzpräsidenten am 19. Mai 1943 mit: »Die Jüdin Lehmann ist am 17. August 1942 unter der Transportnummer 0 6456 evakuiert worden. Ihr Vermögen ist somit dem Reiche verfallen.«

Abraham und Anna Isaacsohn mussten ihre Vermögenserklärungen am 10. August 1942 abgeben, eine Woche vor ihrer Deportation. Viel hatten sie nicht mehr. 1939 hatten sie eine »Judenvermögensabgabe« in Höhe von 9.000 RM und eine »Auswandererabgabe« in Höhe von 808,20 RM entrichten müssen. Die Einrichtung ihrer 6-Zimmer-Wohnung wurde versteigert. Abraham Isaacsohns Gesamtvermögen betrug 3.511 RM. Seine Frau Anna besaß noch wenige Möbel und Einrichtungsgegenstände, deren Wert sie mit 1.300 RM angab, außerdem drei Reisekoffer, fünf Gläser, zwei Wollkleider, zwei Bronzen und zwei Bilder von Hans Gade, so dass sie ihr »jetziges Gesamtvermögen« mit 2.744 RM benannte. Die Wirtschaftsgruppe Einzelhandel listete am 1. Oktober 1942 das verbliebene Inventar auf und errechnete, abzüglich der Schätzungskosten, einen Händlereinkaufspreis von 266 RM. Die Bronzen und die Bilder tauchten darin nicht auf. Die Wohnungsliste wurde am 27. Oktober wegen der Möbel und des Hausrats der Händlerfirma Walter Hohn und wegen der Textilien der Händlerfirma Wilhelm Stiegler zwecks Verwertung übergeben. Auch sie waren Glieder in der Kette der Profiteure.

Ein außerordentlicher Vorgang befindet sich im Brandenburgischen Landeshauptarchiv in Potsdam in der Akte zu Samuel Neumann. Die Erbschaftssteuerstelle beim Finanzamt Tiergarten bat mit Schreiben vom 26. Januar 1943 die Vermögensverwertungsstelle beim Oberfinanzpräsidenten um Auskunft, »ob das ganze hinterlassene Vermögen zu Gunsten des Reichs eingezogen oder ob es ganz oder zum Teil für den Erben freigegeben werden soll«. Als alleinigen Erben hatte Samuel Neumann seinen Sohn Peter Neumann eingesetzt. Gab es tatsächlich Fälle, in denen das Deutsche Reich auf einen Teil des jüdischen Vermögens verzichtet haben könnte? Die Gestapo setzte mit Schreiben vom 8. Oktober 1943 den Oberfinanzpräsidenten in Kenntnis, dass sich der Nachlass auf rund 172.000 RM belaufe, und, da der alleinige Erbe Peter Neumann den Bestimmungen der 11. Verordnung vom 15. November 1941 unterliege und nach Paragraph 4 der VO erbunfähig sei, habe sie den »gesamten Nachlass zu Gunsten des Deutschen Reiches eingezogen«.

Sein Vater Samuel Neumann hatte 1939 in die Badenallee 25 ziehen müssen. Nachdem seine Schwestern Zella Zippora Rosenberg und Selma Neumann im September 1942 nach Theresienstadt deportiert wurden, wo sie umkamen, wohnt Neumann in der Platanenallee 8 im Westend. Für seine Deportation wird er in das Jüdische Krankenhaus in der Iranischen Straße gebracht, als Sammellager für den Transport der Berliner Juden genutzt. Weil er erkrankt und nicht transportfähig ist, erfolgt seine Rückstellung. Hier stirbt Neumann am 16. November 1942. Er wird auf dem Jüdischen Friedhof in Weißensee, Grab-Nr. 110222, beigesetzt. Der Beerdigungsort entsprach nicht seinem »letzten Willen«. Er hatte am 21. Oktober 1940 bestimmt: »Ich wünsche verbrannt zu werden und in Wilmersdorf neben meiner Frau bestattet zu werden. Samuel Neumann.« Niemand ist mehr da, seinen letzten Willen umzusetzen.

Bei Familie Neumann war Sally Putschinski einquartiert. Seine Ehefrau Ernestine anderswo. Sie war zwangsverpflichtet in der Produktion der ACETA-Kunstseidefabrik, der I.G. Farben in der

Hauptstraße 9-13 in Lichtenberg, dem ersten für die Kriegswirtschaft wichtigen Unternehmen in Berlin, das jüdische Zwangsarbeiter einsetzte. Arbeitsbeginn für 48 Männer und 57 Frauen war der 25. Mai 1939; Ende Juni kamen 25 weitere jüdische Frauen hinzu. Um den Kontakt zwischen Juden und »Ariern« zu verhindern, gab es getrennte Eingänge und Arbeitsräume, eigene Toiletten und auch unterschiedliche Arbeitszeiten. Sally arbeitete beim OSRAM-Werk, Helmholtzstraße, für 25 RM die Woche.

Wegen ihres kriegswichtigen Arbeitseinsatzes waren sie von einer Deportation verschont geblieben und werden gehofft haben, dass es so bleiben würde. Am 27. Februar 1943 wurden sie im Rahmen einer reichsweiten Aktion (»Fabrikaktion») von ihren Arbeitsplätzen weg verhaftet. Aus Sallys Vermögenserklärung, die er am gleichen Tag abgab, geht hervor, dass er keinerlei Vermögen besaß. Die Oberfinanzkasse teilte dem Oberfinanzpräsidenten am 22. April 1943 mit, von Ernestine Putschinski sei eine Vermögensbeschlagnahme in Höhe von 6 RM 02 Rpf als dem Reich verfallen verbucht worden.

Wie geheißen, gaben die Putschinskis vor dem bevorstehenden Abtransport ihre Wohnungsschlüssel bei Hauswartin Frieda Winde ab. Dann versiegelte die Gestapo ihre Wohnung in der Philippistraße 9. Den Ausfall der Miete, monatlich 49,40 RM, bekam ihr Vermieter, die Firma A.O. Lange Immobilien, für zwei Monate durch den Oberfinanzpräsidenten erstattet. Ihr Inventar bewertete der Obergerichtsvollzieher am 1. Mai 1943 im Auftrag der Vermögensverwaltungsstelle mit 324 RM. Mit öffentlichen Verkehrsmitteln wurden sie in das Sammellager Levetzowstraße gebracht. Am 1. März 1943, ein Montag, werden sie zum Güterbahnhof Moabit transportiert, von dort mit dem »31. Osttransport« nach Auschwitz. Auf den Transportlisten haben sie die laufenden Nummern 177 und 118. Ernestine und Sally Putschinski gelten als verschollen.

Mitgefühl für das Leid der Juden?

Das Deutsche Reich führte schon zwei Jahre Krieg, als die Deportationen begannen. Die »Volksgenossen« trauerten um Gefallene und sorgten sich um Angehörige an der Front. Erste Meldungen über Vernichtungslager blieben im Ungefähren. Sie fielen zusammen mit den Flächenbombardements auf deutsche Städte, mit vielen Opfern in der Zivilbevölkerung. Das eigene Überleben und das ihrer Familien bestimmte ihre Gefühlswelt und ließ wenig Raum für Empathie für das Leid anderer, insbesondere jener, die man (mit)verantwortlich machte für das nun selbst erfahrene Leid. Hatte sich doch in vielen Köpfen festgesetzt, was die NS-Ideologen gepredigt hatten, verantwortlich für alles Elend seien jüdischer Kapitalismus oder jüdischer Bolschewismus.

Doch es schien immer noch »Volksgenossen« zu geben, die sich nicht beirren ließen. Auf sie zielte der Runderlass des RSHA ab, der am 24. Oktober 1941 aus »erzieherischen Gründen« denjenigen »deutschblütigen« Bürgern eine Schutzhaft von drei Monaten androhte, die »in der Öffentlichkeit freundschaftliche Beziehungen zu Juden« unterhielten. Der Erlass sollte einschüchtern: »Judenbegünstigungen« werden geahndet.

Der Krieg kehrt zurück

Das markerschütternde auf- und abschwellende Heulen der Sirenen auf den Dächern weckt die Hausbewohner aus dem Schlaf – Fliegeralarm. Ab 1943 müssen die Berliner jede Nacht mit dem Alarm rechnen. Zuerst der Voralarm, die »Fliegerwarnung«: dreimal ein Dauerton von je zwölf Sekunden. Raus aus den Betten. Viel Zeit bleibt nicht. Wenn das jaulende, an den Nerven zerrende, Alarmsignal erfolgt, eine Minute lang, dauert es oft nur noch kurze Zeit, bis die ersten Bomben fallen. Die Verschläge auf dem Wäscheboden sind geräumt, um bei Luftangriffen Brandbomben schnell bekämpfen zu können. Der Luftschutzwart deponiert Sandsäcke und Feuerpatschen.

Am 22. November 1943, einem Montag, fliegt die Royal Air Force die bis dahin schwersten Angriffe auf Berlin. Um 19.20 Uhr gibt es den ersten Alarm. Fast 700 schwere Bomber sind im Anflug. Es ist kalt, es regnet. Gegen 20 Uhr erreichen sie ihr Ziel und legen einen »Bombenteppich« über ganze Quartiere der Stadt. Betroffen sind vor allem das Hansaviertel und Charlottenburg. Die Berichte des norwegischen Korrespondent Theo Findahl aus Berlin für die Osloer Zeitung *Aftenposten*, 1946 bei Hammerich & Lesser in Hamburg unter dem Titel *Letzter Akt Berlin 1939-1945* erschienen, beschreiben apokalyptische Bilder:

»Die vier glitzernden ›Tannenbäume‹, die das große Viereck der Stadt bezeichnen, das in Schutt und Asche gelegt werden soll, senken sich wie riesenhafte Buketts von Feuerblumen in allen Farben des Regenbogens vom Himmel hernieder. Über diese Gebiete sausen alsdann Bomber in dichten Scharen, in schwindelnder Höhe, um nicht von dem Beschuss der Abwehrgeschütze getroffen zu werden, und legen ihren ›Teppich‹ über den Stadtteil, einen Hagel von Spreng- und Brandbomben, einen Regen von Ekrasit und Phosphor, so dass es über den Dächern von Feuer sprüht wie das Wasser eines Regenschauers. Der ganze Stadtteil steht in Flammen.«

Nur 24 Stunden später fliegt die Royal Air Force den nächsten schweren Angriff. Allein in Charlottenburg sterben tausende Menschen, werden 40.800 obdachlos. Im *Auslands Presse Club* am Potsdamer Platz kursierten danach abenteuerliche Anekdoten, über die Findahl berichtet:

»Der brennende Zug voll toter Menschen, der über den ganzen ›Ring‹ rund um die Stadt raste, der Puma aus dem Zoo, der durch ein Meer von Flammen sprang und auf dem Lützowplatz getötet wurde, die Schildkröten und Krokodile, die im Aquarium des Zoos gesotten wurden – der reine Edgar Allan Poe!«

Ausgebombte bekamen an »Sammelstellen« einen »Ausweis für Fliegergeschädigte«. Das »Deutsche Wohnungshilfswerk« quartierte sie in Behelfsunterkünften oder erhalten gebliebenem Wohnraum ein. Der in der Parterrewohnung im Gartenhaus wohnende Architekt Georg Siewert musste vier Zimmer an Ausgebombte abgeben. Das wissen wir aus einem Brief des aus Stolp vertriebenen Lehrers Albert Pabst, den uns seine Enkelin Theresia Pabst-Olbrich schickte. Pabst bezog Ende 1945 nach Siewerts Tod dessen Zimmer.

Der ehrenamtliche Luftschutzwart klopft an die Wohnungstüren, um sicherzustellen, dass jeder Hausbewohner wach ist, wenn der Voralarm erfolgt. Viele schlafen angezogen. Griffbereit steht ein Köfferchen, in dem das »Schutzraumgepäck« verstaut ist. Es enthält laut Merkblatt »Decken, Kissen, Taschenlampen, Lebensmittel für Kinder und Kranke, Thermosflaschen mit Getränk, Kinderspielzeug, wichtige Papiere«. Dann eilen sie runter in die finsteren stickigen Keller. Die behelfsmäßigen Luftschutzräume, verstärkt durch vertikale Stützbalken und Stahltüren, sollen Schutz bieten.

Renate Vogt, geborene Scheffler, die ihre Kindheit und Jugend im und nach dem Krieg im Nachbarhaus Mommsenstraße 5 verbracht hat, erinnert sich daran. Ihre Mutter war im Nachbarhaus die ehrenamtliche Luftschutzhelferin. Im Luftschutzkeller standen Bänke und Stühle. Im eigenen Keller hatte ihr Vater ein Doppelbett aufgestellt. Manchmal fielen kleine Bomben auf den Dachstuhl, erzählt sie, »die hat der Hauswart Barteit entschärft oder aus dem Dachfenster in den Garten geworfen«. Und weiter: »Noch heute ergreift mich Furcht bei Sirenengeheul.«

Wenn die Bombenangriffe erfolgen, suchen neunundzwanzig Personen im Keller Schutz, siebzehn Männer, vierzehn Frauen, einige Kinder. Hinzu kommt das Dienstpersonal. Anhand seiner Liste kontrolliert der Luftschutzwart die Anwesenheit: Textilkaufmann Ewald Alberti und seine Frau, Schneiderin Auguste Berkhahn, Kaufmann Rolf Bünger, Wirtschaftsberater Albert Brückner, Hauptmann William Eisen, Hauswart Karl Flohr, Ingenieur Arno Franke, Major Johannes Hackbarth und seine Frau Helga, Betriebsführerin Berta Hoock, Ufa-Direktor Oskar Kalbus und seine Frau Maja, Amtsrat Hugo Matthias und seine Frau Elisabeth, Ministerialrat Heinz Molsen, Assessor Wolfgang Pitschke, Apotheker Peter Seiwert, Architekt Georg Siewert und seine Frau Betty, Major Ernst von Stoessel und seine Frau Lilly, Generalstabsarzt Kurt Wenzig und seine Frau Charlotte, Versicherungsangestellter Fritz Zimmermann, Generalvertreter Hugo Freiherr von Zobel zu Giebelstadt.

Spätestens nachdem die Luftangriffe ab 1943 immer häufiger erfolgten, wurden Kinder in privater Initiative oder im Rahmen der »Mutter-und-Kind-Verschickung« der »Nationalsozialistischen Volkswohlfahrt« (NSV) evakuiert. Ältere Kinder mit der »Kinderlandverschickung« organisiert durch die Hitlerjugend. Von Stephan Freiherr von Zobel wissen wir, dass seine Mutter 1943 mit ihm nach Giebelstadt zog. Molsen hatte seine Frau mit ihrem Sohn zu ihren Eltern nach Wittenberge geschickt. Nicht auszuschließen, dass auch Frau Bünger und Frau Franke mit ihren Kindern evakuiert worden waren.

Wie gingen die Hausbewohner mit den Schwestern Clara Lehmann und Selma Wechsler um? Göring hatte am 7. Oktober 1940 angeordnet, dass Juden, die mit anderen Personen in einem Haus zusammenwohnen, in getrennten Luftschutzräumen unterzubringen sind. Bei Luftangriffen mussten sie im eigenen Keller Schutz suchen.

Zusammengepfercht sitzen die Hausbewohner stundenlang im Keller, haben Angst, dass das Haus getroffen werden könnte. Jemand vertreibt sich die Zeit und malt auf eine Kellerwand ockerfarbene Blumen, wovon ein Bruchstück erhalten ist. Einige Einschläge kommen in unmittelbarer Nähe: Getroffen werden die Häuser Bleibtreustraße 14/Ecke Niebuhrstraße, Mommsenstraße 68A/Ecke Bleibtreustraße und Mommsenstraße 12/Ecke Wielandstraße. Nach dem Krieg wurden sie abgerissen. Bemerkenswert, was davon in Erinnerung blieb. Der Luftdruck habe die schönen Buntglasfenster in den Haupteingängen des Vorderhauses und Gartenhauses nicht zerstört, erzählen langjährige Hausbewohner voller Bewunderung. Dann die Entwarnung durch das »Entwarnungssignal«, ein einminütiger langer hoher Dauerton der Sirenen.

Der Erste Weltkrieg war weit weg gewesen, auf deutschem Boden hatte er nicht stattgefunden. Während des Zweiten kam er zurück. Von den rund 103.000 Wohnungen, die es am 1. Januar 1943 in Charlottenburg gab, wurden in den Jahren 1943 und 1944 dreißig Prozent unbewohnbar. Für die Ausgebombten stellte der GBI, wie schon lange geplant, auch »Judenwohnungen« zur Verfügung. Die angloamerikanischen Bombenangriffe sollten die Bevölkerung demoralisieren und in Opposition zum NS-Regime bringen. Sie haben ihren Zweck nicht erreicht. Stephan von Zobel erzählte, dass bei einem nächtlichen Luftangriff seine Mutter zu den kleinen Pünktchen am Himmel gezeigt, und gesagt hat: »Da sind die bösen Engländer.«

Siegfrieds Trauermarsch aus der »Götterdämmerung« konnten die Hausbewohner hören, wenn sie nach der Kapitulation der 6. Armee in Stalingrad ihr Rundfunkgerät eingeschaltet hatten. Die 6. Armee war geschlagen. Die erste vernichtende Niederlage hatte Auswirkungen auch auf die Bevölkerung. Jene, die ohnehin die offiziellen Informationen anzweifelten und als beschönigende Propaganda erkannten, gingen dazu über, Informationen aus anderen Quellen zu beziehen, heimlich.

»Hier ist England, hier ist England, hier ist England.« Radiowellen machten an der Reichsgrenze nicht halt: – Vier dumpfe Paukenschläge, dreimal kurz, einmal lang: Bumm, Bumm, Bumm, Bumm – Bumm, Bumm, Bumm, Bumm. Sie erinnern an die Anfangstakte der 5. Symphonie Ludwig van Beethovens und sollen das Morsezeichen für den Buchstaben »V« wie »Victory« wiedergeben. – »Hier spricht BBC London in deutscher Sprache«, vorgelesen oder formuliert von Emigranten aus Deutschland. Dann die Nachrichten. Kommentare, Tagesgeschehen an der Front. Allen Strafandrohungen zum Trotz sollen Millionen Deutsche heimlich »Feindsender« gehört haben.

Die Niederlage greifbar nahe

Am 10. August 1944 verbot Goebbels alle Veranstaltungen mit nichtkriegsmäßigen Darbietungen. Den Lesern des Osloer *Aftenposten* berichtete Theo Findahl im Herbst 1944 vom Kurfürstendamm:

»Berlins große Avenue des Westens, die selbst jetzt, dicht vor dem Untergang, ihren Ruf als Promenade und erotisches Jagdgebiet aufrechtzuerhalten sucht und so tut, als gäbe es keinen Krieg, [...] Mit einem Federstrich hat Goebbels im Namen des totalen Krieges fast alles, was in Berlin Vergnügungen heißt, abgeschafft. Keine Theater und Varietés, keine Tanzlokale, keine Wein- und Likörstuben. Berlin ist die absolut langweiligste Großstadt der Welt geworden«. Dennoch: »Der Kurfürstendamm ist der einzige Ort in Berlin, wo man elegante Damen sieht, sagen die jungen Männer. So genügsam, so arm ist die große Stadt wirklich geworden, dass das Leben auf dem Kurfürstendamm noch ›elegant‹ in ihren Augen wirkt. [...] Der einzige kleine Hauch von ›Pikanterie‹ in der ganzen riesigen Stadt ist hier auf dem Kurfürstendamm zu verspüren, einige kurze Stündchen des Nachmittags und des Abends. Hektisch und gezwungen. Alle fühlen, dass auch dies nicht mehr so lange dauern wird.«

Im Tauentzien-Palast fand am 30. Januar 1945 die Premiere des Durchhaltefilms *Kolberg* statt, die letzte Uraufführung vor Kriegsende.

Das Ende vor Augen, wusste keiner, was ihn erwartete. Für Hugo Freiherr von Zobel zu Giebelstadt, Mitglied des 1867 gegründeten aristokratischen Union-Klubs, einer Organisation für Pferderennen in der Schadowstraße, wurden die letzten Tage noch einmal brenzlig. Das geht aus einer Geheimakte zur »Verhütung und Untersuchung von Sabotageakten und Attentaten« hervor, die das RSHA an alle Stapo(leit)stellen schickte. Es wurde von der 4. Sonderkommission 20. Juli 1944, beim RSHA zusammengestellt und beinhaltet eine dreiseitige »Festnahmeliste Nr. 22« mit Namen von Beteiligten am Hitler-Attentat vom 20. Juli 1944 um Claus Schenk Graf zu Stauffenberg sowie eine siebzehnseitige Namens- und Adressliste von Mitgliedern des Union-Klubs. In diesem Zusammenhang wurde mit Geheimem Erlass gegen die Mitglieder des Klubs ermittelt. Auch der Name Freiherr von Zobel, 1939 als Rittmeister a.D. eingezogen und im Osten eingesetzt, steht mit seiner Adresse Mommsenstraße 6 auf der Liste.

Der Union-Klub galt bei Sozialdemokraten und Kommunisten als »organisierte Junkerclique«, bei Nationalsozialisten als »reaktionärer Geheimbund«, jetzt auch als ein »Hort der Widerstandsbewegung«. Wie nahe Zobel dem Widerstand stand, lässt sich nicht eindeutig aus den Akten ableiten. Nicht alle Berichte der Stapo(leit)-stellen zum Attentat sind erhalten. Zobel war mit der Familie Stauffenberg verwandt. Von den festgenommenen Mitgliedern des Union-Klub wurden acht hingerichtet, zwei begingen Suizid. Dass man den Union-Klub, den an »Vornehmheit keine gesellschaftliche und sportliche Vereinigung übertraf«, in der NS-Zeit nicht auflöste, war wohl darauf zurückzuführen, dass ihm als Mitglieder seit jeher auch Botschafter und Gesandte in Auslandsmission angehörten.

Bis 2. Mai 1945 hat Kalbus in der Mommsenstraße 6 gewohnt, besagt die historische Einwohnermeldekartei. Tatsächlich hatten er und seine Frau Maja angesichts des bevorstehenden Angriffs der Roten Armee auf Berlin bereits Anfang März 1945 die Stadt verlassen. Sie zog nach Heidelberg zu ihren Eltern, er folgte einem Sonderauftrag. Für Goebbels Propagandaministerium sollte er in Göttingen eine Meldekopfstelle des deutschen Filmvertriebs einrichten, um Lichtspieltheater, Gaufilmstellen und Spielstellen der Wehrmacht in den westlichen Verleihgebieten sicherzustellen. Wegen der absehbaren Kämpfe im mitteldeutschen Raum setzte er sich nach München ab. Von dort fuhr er mit dem Fahrrad nach Kitzbühel, wohin auch die Nazi-Größe Göring geflohen war. Hier wartete Kalbus das Ende des Zweiten Weltkriegs ab.

Die Niederlage greifbar nahe, beschäftigte sich die Ministerialbürokratie, auch SS-Sturmbannführer Molsen, mit Heinrich Himmlers »Verbot der Verwandtenbeschäftigung im Bereich der inneren Verwaltung« vom 1. Dezember 1944. Der Historiker Hans Mommsen hat 1968 den Vorgang für die Forschung zugänglich gemacht. Ministerialrat Dr. Molsen (Abtl. III) war federführend mit der Bearbeitung des Verbots befasst, daneben Abteilung IV (Kommunalverwaltung) und das Büro des Staatssekretärs des Innern Wilhelm Stuckart. Aus dem Aktenzeichen eines der Dokumente geht hervor, dass Teile der Abteilung III, auch Molsen, in Berlin verblieben waren und Anfang März 1945 noch im Dienstgebäude Unter den Linden arbeiteten. Abteilungen III und IV waren in die Reichsverwaltungsschule in Pirna ausgelagert worden, die als Ausweichstelle bis zum 21. April 1945 bestand. Angesichts des Zusammenbruchs ein absurder Vorgang.

Kurz vor der Einnahme Berlins hatte Hitler die Evakuierung der Reichsregierung verfügt. Molsens Dienststelle wurde am 21. April 1945 nach Eutin verlegt, das noch von der Wehrmacht gehalten wurde. Im Landratsamt fand am 2. Mai 1945 unter dem neuen Staatsoberhaupt Karl Dönitz die erste Sitzung der geschäftsführenden Regierung statt. Innenminister wurde Molsens Chef Wilhelm Stuckart. Die Regierung wechselte bald ins benachbarte Plön, am 3. Mai weiter nördlich nach Flensburg. Nach dem 12. Mai befanden sie sich plötzlich in der britischen Besatzungszone. Mitarbeiter der Abteilung für militärische Sicherheit des britischen Counter Intelligence Corps, nahmen Molsen am 14. Mai 1945 in Plön fest und brachten ihn in das Zivil-Internierungslager in Neumünster. Am 23. Mai wurde die Regierung Dönitz in Flensburg verhaftet.

Schlacht um Berlin

Der Himmel war klar und blau, im Garten der Mommsenstraße 6 zeigte sich erstes zaghaftes Grün. Die Hausbewohner hörten die Front näher kommen. Am Abend des 23. April heulten die Sirenen drei Minuten – Panzeralarm! Der erste, den Berlin erlebt hat.

Am 26. April schloss die Sowjetarmee den Ring um die Hauptstadt. Die »Schlacht um Berlin« begann. Jeder hoffte, am Leben zu bleiben. Über die Heerstraße schwenkten sowjetische Truppen am 26. April 1945 Richtung Charlottenburg und schoben sich durch die Wohnbezirke vor. In den dicht bebauten Gebieten im Berliner Westen begannen die Straßenkämpfe. Entsetzliche Kämpfe tobten am 30. April in den Straßen um den Zoo, den sowjetische Truppen über die Schlossstraße und die Berliner Straße (heute Otto-Suhr-Allee) erreicht hatten. Erbittert wurde in Charlottenburg auch an der S-Bahn gekämpft, die die Frontgrenze bildete. An der S-Bahn-Unterführung Leibnizstraße ist noch das handtellergroße Einschussloch einer Granate zu sehen, die den Brückenpfeiler durchschlagen hat, als wäre er aus Butter, nicht aus Stahl.

Wenn ein Hausbewohner in all dem Chaos in der Nacht vom 1. zum 2. Mai vor dem Radio saß, konnte er die Meldung über Hitlers

Renate Vogt, geb. Scheffler, links

Suizid hören, der schon einen Tag zurücklag. Die »Reichs-Rundfunk-Gesellschaft« schloss ihren Dienst mit der Meldung: »Damit beendet der Großdeutsche Rundfunk seine Sendefolge. Wir grüßen alle Deutschen und gedenken des tapferen deutschen Soldatentums, zu Lande, zu Wasser und in der Luft. Der Führer ist tot, es lebe das Reich.« Danach: Funkstille. Die Kämpfe gingen mit unverminderter Härte weiter. Sowjetische Truppen überschritten die Budapester Straße und durchbrachen die Mauer des Zoos. Umkämpft war vor allem der »Flakturm Zoo«. Sie eroberten die Kaiser-Wilhelm-Gedächtniskirche und besetzten den Turm mit Scharfschützen. Vom Süden her überschritten Truppen den Kurfürstendamm. Auch in der Mommsenstraße wurde gekämpft. Auf einem Foto, 1946/47 aufgenommen, das Renate Vogt aus dem Nachbarhaus als kleines Mädchen vor dem Haus Mommsenstraße 6 zeigt, sind Einschusslöcher in der Hausfront zu sehen. Das Haus ist glimpflich davongekommen.

Der 60-jährige Obergefreite Peter Seiwert kam am 30. April 1945 beim »Endkampf« um Berlin ums Leben. 1941 war Seiwert ins Haus gezogen, als er die Gotzkowsky-Apotheke in Alt-Moabit 52 übernahm. Er gehörte dem im Februar 1945 in Charlottenburg aufgestellten, aus 444 Männern bestehenden »Volkssturm-Bataillon 3/111« an. Es setzte sich zusammen aus drei Kompanien: Die 1. Kompanie stellte die »Ortsgruppe Kant«, die 2. Kompanie die »Ortsgruppe Mommsen«, die 3. Kompanie die »Ortsgruppe Sybel«. Die Befehlsstelle befand sich in der Wilmersdorfer Straße 96/97. Dem »Volkssturm« gehörten alle noch nicht kämpfenden Männer zwischen 16 und 60 Jahren an. Sie trugen keine Uniform, nur eine Armbinde mit der Aufschrift »Deutscher Volkssturm«, waren kaum ausgebildet und schlecht bewaffnet.

In seiner Sterbeurkunde heißt es, er sei »gefallen«, doch der Hergang liest sich so: »Der Apotheker Peter Seiwert wohnhaft zu Charlottenburg, Mommsenstraße 6, ist am 30. April 1945 um 11 Uhr 59 Minuten in Berlin-Charlottenburg, auf dem Wege von der Mommsenstraße nach der Gotzkowskybrücke gefallen.« Man stelle sich das vor, da spaziert der Mann am hellichten Tage mitten durch die Hauptkampflinie. Sein Grab befindet sich in einem Kriegsgräberfeld auf dem evangelischen Luisenfriedhof I.

Nur zwei Tage später, am 2. Mai 1945, unterzeichnete General Helmuth Weidling, Stadtkommandant von Berlin, den Befehl zur Einstellung aller Kampfhandlungen. Gegen 15 Uhr schwiegen in Berlin die Waffen. Nach sechs Jahren war der Zweite Weltkrieg in Europa beendet. Es dauerte Jahrzehnte, bis nachfolgende Generationen verstehen konnten, dass die militärische Niederlage die Befreiung von der NS-Diktatur und einen politischen Neuanfang ermöglicht hatte.

Die »Ortsgruppe Mommsen« löste sich nach dem Krieg buchstäblich in Luft auf, ebenso wie die Ortsgruppenleitung und der Ortsgruppenstab. Es scheint, als habe es sie nie gegeben. Nicht bekannt ist, wo die Akten der »Ortsgruppe Mommsen« der NSDAP geblieben sind. Wenn doch etwas den Krieg überdauert hat, das Haus mit dem Sitz der Ortsgruppe wurde durch eine Bombe total zerstört, dann gelangte es in den Wochen danach in den Besitz der sowjetischen Besatzer. Nicht auszuschließen, dass Unterlagen der »Ortsgruppe Mommsen« in Moskauer Archiven oder auch Privathaushalten aufbewahrt werden.

Traumatisierte Menschen in einer zerbombten Stadt

»Es gibt kein Fahrrad, kein Auto für Zivilpersonen, nicht einen Autobus oder eine Straßenbahn, nicht eine Untergrundbahn ist im Gange«, hielt Theo Findahl für den Osloer *Aftenposten* fest, und schilderte seine Eindrücke: »Drückende Luft, Leichengestank, deprimierende Hässlichkeit der Brandruinen, grenzenlose Schwermut.« Am 7. Mai berichtete er: »Die Budapester Straße mit dem Hotel Eden, Elizabeth Ardens Schönheitsinstitut und alle eleganten Spezialgeschäfte und komfortablen Pensionate sind ein stinkender Dschungel geworden. Bombenkrater und Ruinenreste. Tote Pferde mit aufgeblähten Bäuchen spreizen alle vier Beine in die Luft, abgerissene Menschenhände und Arme, verstümmelte Leichen und Leichenteile sind von den Explosionen über die Fahrstraße und gegen die Hauswände geschleudert worden.«

Die Überlebenden vegetierten ohne Nahrung in Kellern. Außenhandelskommissar Anastas Mikojan berichtete, nachzulesen in dem Artikel »Muckefuck und Eichelsuppe« in *Spiegel Special* I/2006, nach Moskau: »Menschen essen Gras und Rinde von den Bäumen.«

Ab dem 15. Mai setzte Generaloberst Bersarin pro Person und Tag Lebensmittelrationen (Brot/Nährmittel) fest, die entsprechend der Schwere der Arbeit in Verbrauchergruppen eingestuft waren. Ehemalige NSDAP-Mitglieder erhielten keine Lebensmittelkarten. Die Menschen wurden zu Selbstversorgern. Renate Vogt erzählte, dass Frau Barteit, die Frau des Hauswarts, im Garten der Mommsenstraße 5 Hühner hielt und Salat und Kartoffeln anbaute. Ihre Mutter tauschte »Brennholz gegen Kartoffelschalen« bei einem Mann, der mit seinem Pferdewagen an der Mommsenstraße, Ecke Schlüterstraße, Halt machte.

Nach der Machtergreifung waren aus Bürgern Volksgenossen geworden. Nun gab es weder Volksgenossen noch Bürger. Es gab nur noch Millionen von staatenlosen Deutschen. Die Menschen lebten in einer Niemandszeit. »Ist es möglich«, fragte sich der norwegische Korrespondent Theo Findahl, »dass die Hauptstadt des Hitlerreiches das gleiche Geschick ereilt wie das Rom der Cäsaren, dass es Jahrhunderte hindurch stehen bleibt und langsam verfällt, während das Vieh auf ehemaligen Prachtstraßen und Märkten weidet? Wird seine Zukunft die einer Provinzstadt sein zwischen den Resten alter hauptstädtischer Kulissen? Viele meinen dies.«

Alleinherrschaft der Sowjets

Nach der Einstellung der Kämpfe stand die gesamte Stadt unter sowjetischer Kontrolle. Erster Berliner Stadtkommandant wurde am 28. April 1945 Nikolai E. Bersarin. Da die westalliierten Truppen noch nicht in Berlin einmarschiert waren, hatte er das alleinige Sagen in der ehemaligen Reichshauptstadt. Als Hauptquartier der Sowjetischen Militäradministration (SMAD) diente ab 9. Juni 1945 die ehemalige Pionierschule der Wehrmacht in Berlin-Karlshorst. In ganz Berlin wurden militärische Bezirkskommandanturen eingesetzt. Im »Befehl Nr. 1« ordnete Bersarin u.a. die Auflösung sämtlicher NSDAP-Organisationen, eine nächtliche Ausgangssperre und Ablieferung aller Waffen, an.

Gegen Nationalsozialisten ging die sowjetische Besatzungsmacht rigide vor. Ihre Wohnungen erhielten jetzt Opfer des Faschismus. Marschall Shukow, Chef der Sowjetischen Militärverwaltung, verfügte am 30. Juni die Entlassung sämtlicher ehemaliger Mitglieder der NSDAP aus dem Dienst der Stadtverwaltung innerhalb von drei Tagen. Einer davon war der Hausbewohner Fritz Zimmermann. Bei der Beamtenversicherung entlassen, arbeitete er danach als Hilfsarbeiter. Die Besiegten waren abhängig vom Willen der Sieger, und auch von deren Willkür. Wohnungstüren durften nicht verschlossen werden, erzählte Renate Vogt.

Vereinzelt verübten Nationalsozialisten noch Anschläge. Das lässt sich dem Aufruf des Oberbürgermeisters Dr. Werner entnehmen, der vor Anschlägen auf Angehörige der Roten Armee oder Trä-

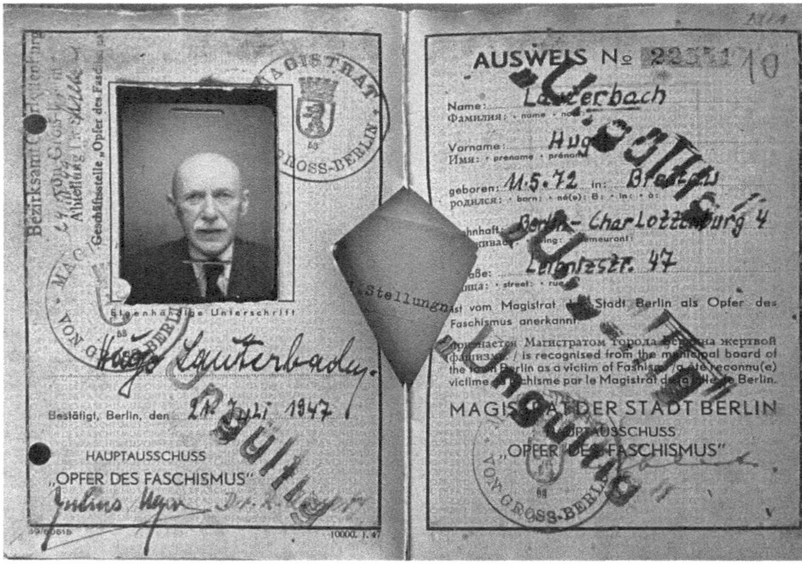

Hugo Lauterbachs Ausweis »Opfer des Faschismus«

ger öffentlicher Funktionen warnte. Jedes Attentat und jede Sabotage würden den Tod von 50 ehemaligen Nationalsozialisten nach sich ziehen.

Hugo Lauterbach konnte sein Versteck endlich verlassen und sich als Opfer des Faschismus registrieren lassen. Wie Selma Wechsler hat er die Zeit des Überlebens im Untergrund für sich behalten. Ab Mai 1945 konnten sich alle nach den Nürnberger Gesetzen von 1935 als »Nichtarier« bezeichneten Personen bei den Sozialämtern ihrer Bezirke melden. Am 5. Mai gab die Abteilung für Sozialfürsorge des Magistrats erste Hilfsmaßnahmen für sie bekannt: Eine einmalige Unterstützung in Höhe von 450 RM, Lebensmittelkarten für Schwerarbeiter, das Recht auf bevorzugte Arbeits- und Wohnungsvermittlung und Gesundheitsfürsorge.

»Moskauer Zeit« in Berlin

»An fast allen bewohnbaren Häusern in Berlin steckt jetzt eine weiße oder rote Flagge aus den Fenstern heraus. Die weißen Flaggen bedeuten, dass hier nichtnazistische Deutsche wohnen, die roten sind das Zeichen dafür, dass Kommunisten eingerückt sind – in die schönsten Wohnungen, die früher von Nazis bewohnt waren. Die deutschen Kommunisten sind in vollem Gange, sich zu organisieren, alles deutet darauf hin, dass die zivile Verwaltung zunächst kommunistisch werden wird. Die ›roten‹ Deutschen gehen in ganz der gleichen Weise vor wie die ›braunen‹, sie organisieren ›Zellen‹ in jedem Haus, verschaffen sich im Kleinen überall Kontrolle.«

Findahl war ein genauer Beobachter. Bereits am 2. Mai entstand ein System von Block-, Straßen- und Hausvertrauensleuten zur Durchführung der Befehle der sowjetischen Armee. Antifaschistische Hilfskomitees erhielten auch Polizeifunktionen.

1945 tickten die Berliner Uhren für rund vier Monate anders. Am 20. Mai, zwölf Tage nach der Unterzeichnung der Kapitulationsurkunde, erteilte Stadtkommandant Bersarin den Befehl Nr. 4, der besagte, dass in Berlin alle Uhren um eine Stunde vorzustellen seien. Mit der Einführung der Moskauer Zeit sollten die Verwaltungsvorgänge nach sowjetischem Vorbild synchronisiert werden. Da die Uhren im Rest Deutschlands sich weiter an der Mitteleuropäischen Zeit orientierten, ergab sich die kuriose Situation, dass die Berliner ihren Nachbarn jenseits der Stadtgrenze eine Stunde voraus waren. Nach dem Eintreffen der westlichen Alliierten wurde am 23. September 1945 die Zeitanzeige wieder geändert.

Ein weiteres Gerücht, von langjährigen Nachbarn weitergegeben, besagte, dass nach dem Krieg »die Russen« im Haus Mommsenstraße 6 waren. Hinweise dafür gab es keine. Bis wir Renate Vogt kennenlernten. Sie erzählte aus eigener Anschauung von einer »russischen Standort-Wohnung« in der Nummer 6 im Erdgeschoß. Soldaten der Roten Armee hätten Radioapparate eingesammelt und dort deponiert. Auch ihr Vater, Rechtsanwalt Arthur Scheffler, hat den »Volksempfänger« dort abgeben müssen. In Verbindung mit dieser Aussage muss man Befehl Nr. 1, Pkt. 7 lesen, mit dem Generaloberst Bersarin angeordnet hatte, dass u.a. Radioempfänger »binnen 72 Stunden nach Veröffentlichung dieses Befehls auf den militärischen Bezirkskommandanturen abzugeben [sind]«. Das bestätigt, dass sich die militärische Bezirkskommandantur Charlottenburg in der Mommsenstraße 6 befand. Bezirkskommandant von Charlottenburg war Oberst N.G. Gusseinow. Ein anderes Gerücht besagt, nach dem Krieg seien hinter dem Gartenhaus Nazis erschossen worden. Dafür finden sich keine Belege.

Wiederaufbau

Mit atemberaubender Geschwindigkeit brachten die sowjetischen Besatzer die Infrastruktur wieder in Gang. Straßen und Plätze wurden von Trümmerschutt befreit und ein kleiner Teil des öffentlichen Nahverkehrs im Mai 1945 wieder in Betrieb genommen. Die Versorgung der Bevölkerung mit Grundnahrungsmitteln hatte Priorität. Ab acht Uhr begann am 15. Mai die einheitliche Lebensmittelversorgung für die Berliner, nachdem am Vortag die Ausgabe neuer Lebensmittelkarten angelaufen war.

Inmitten von Ruinen öffneten die ersten Galerien. Vor Lichtspielhäusern standen Kinogänger Schlange. Bereits zehn Tage nach der Kapitulation fand am 18. Mai im Großen Sendesaal des Funkhauses in der Masurenallee das erste öffentliche Konzert des Orchesters des Deutschen Opernhauses statt. Nur vier Wochen lagen zwischen dem letzten Konzert im Dritten Reich und dem ersten im besetzten Berlin. Die erste Theatervorstellung nach dem Krieg war am gleichen Tag im Renaissance-Theater in der Hardenbergstraße. Am 27. Mai nahm die Kurbel in der Giesebrechtstraße 4 in Charlottenburg mit dem russischen Film *Um sechs Uhr abends nach Kriegsende* seinen Betrieb wieder auf. Am 22. Mai startete der Sendebetrieb des Berliner Rundfunks sein ganztägiges Programm. In Charlottenburg waren am 31. Mai 1945 bereits 201 Gaststätten, 39 Cafés und 25 Kinos geöffnet. Im Juli wurde der Berliner Zoo geöffnet, teilte die von der Roten Armee ab 15. Mai herausgegebene *Tägliche Rundschau* am 6. Juni (Nr. 20) mit und zitierte den kommissarischen Leiter des Zoos, Ernst Uebrick: »92 Tiere leben noch, alle mitgerechnet, auch die ganz kleinen Vögel.« In der Mommsenstraße blühten die Linden und verströmten in den Abendstunden ihren betörenden Duft.

Ein Brief aus dem »Nachlass Tietjen« im Archiv der Künste in Berlin ist in zweierlei Hinsicht bemerkenswert. Er belegt, dass sich die Sowjets bereits zwölf Tage nach dem Ende des Krieges um so etwas wie Normalität bemühten, aber auch, dass die Nachkriegsgeschichte der Berliner Philharmoniker ganz anders hätte verlaufen sollen.

Der Kommandant von Berlin, Generaloberst Bersarin, hatte am 19. Mai eine Reihe bekannter Theaterleiter, darunter Tietjen, früherer Intendant der Opernbetriebe und des Konzertwesens, nach Friedrichsfelde eingeladen, um vorbereitende Maßnahmen zur Wiedereröffnung der Berliner Theater zu besprechen. Am Tag darauf schrieb Tietjen an Blech, Bersarin habe ihm den Befehl gegeben, das ganze Opern- und Konzertwesen einschließlich der Philharmoniker sofort neu aufzubauen. »Die Stunde ist da! Kommen Sie in Ihre Heimat zurück! [...] Der Erste, den ich rufe, sind Sie! Kommen Sie und dirigieren Sie um den 5. Juni herum das erste große Konzert der vereinigten Philharmoniker und Staatskapelle, das über die ganze Welt gesendet wird.«

Erst nach mehreren Monaten kam Tietjens Brief bei Blech an, wie dieser im Januar 1946 aus Stockholm schrieb. Und so geschah es, dass der Dirigent Leo Borchard, früher Korrepetitor bei Blech und guter Freund von dessen Kindern Wolfgang und Lisel, am 26. Mai 1945 als frisch ernannter Chefdirigent des Berliner Philharmonischen Orchesters sein erstes Konzert im Steglitzer Titania-Palast gab, das erste der Philharmoniker nach dem Krieg. Werke von Felix Mendelssohn Bartholdy und Peter Tschaikowski kamen zur Aufführung.

Erst im September 1949 kehrten Leo und Martha Blech nach Berlin zurück. Als Einziger wurde er gerufen. »Ich war glücklich, sehr sehr glücklich, als ich nach Berlin zurückkam«, sagte er in einem Interview mit dem *Aufbau* am 4. November 1949. Bei seinem ersten Konzert am 18. Oktober spendete das Publikum ihm einen »so star-

Der Intendant
der Opernbetriebe und des
Konzertwesens in Berlin

Berlin, den 20. Mai 1945
Joachimsthalerstr. 20
(Westsanatorium)

-.-.-.-.-

Mein lieber Leo Blech !

Die Stunde ist da ! Kommen Sie in Ihre Heimat zurück ! Kommen Sie in Ihre <u>künstlerische</u> Heimat zurück - zur Staatskapelle, die nie aufgehört hat nach Ihnen zu verlangen, zu Ihrer Staatsoper, der Sie über 3 Jahrzehnte den Stempel Ihrer grossen Künstlerschaft aufprägten .

Generaloberst Bersarin, der Kommandant von Berlin hat mir den Befehl gegeben das ganze Opern-und Konzertwesen einschliesslich Philharmoniker sofort neu aufzubauen. Der Erste, den ich rufe, sind Sie ! Kommen Sie und dirigieren Sie um den 5. Juni herum das erste grosse Konzert der vereinigten Philharmoniker und Staatskapelle, das über die ganze Welt gesendet wird. Und dabei besprechen wir Alles Uebrige.

Sehr herzliche Grüsse Ihnen und den Ihrigen

ken Applaus, dass er vor Rührung weinend zusammenbrach. »Wohl noch nie zuvor hat ein Künstler von einem Berliner Publikum solche Ovationen erhalten [...]«, berichtete die englische Presse. Die Aufführung der *Carmen* verzögerte sich um zwanzig Minuten.

1987 wurde eine Gedenktafel für ihn am Haus Mommsenstraße 6 enthüllt. Aus Anlass seines 150. Geburtstags gaben die Blechbläser der Staatskapelle Berlin 2021 im Gartenhof dieses Hauses ein »Ständchen für Leo Blech«.

EPILOG

Das britische Hauptquartier schlug am 4. Juli 1945 seine Zelte in Charlottenburg im Savoy-Hotel in der Fasanenstraße, gegenüber der Ruine des Delphi-Palasts auf, nachdem sich die Rote Armee aus den westlichen Sektoren zurückgezogen hatte.

Im Haus wohnten von den alten Mietern Hugo Matthias, Hugo von Zobel, Kurt Wenzig, Albert Brückner, Georg Siewert und Lilly Stoessel von der Heyde. Ada Müsch und Fritz Georg Zimmermann noch bis Anfang der 1970er Jahre.

Keiner der fünfzehn deportierten jüdischen Hausbewohner hat überlebt. Einundzwanzig jüdische Hausbewohner waren emigriert. Verstreut in alle Welt, mussten sie sich von vielem, manchmal allem, trennen, was ihr Leben ausgemacht hat: Familie, Freunde, Heimat, Muttersprache, Kultur, wirtschaftliche Existenz und Besitz. Ihr früheres Leben erschien wie eine verlorene Zeit, und der Neuanfang war bitter. Keiner wollte in ein Land zurückkehren, dass ihnen so grausam mitgespielt hatte. Der Ort ihres Exils war zur neuen Heimat geworden, auch wenn sie manchmal von der verlorenen Heimat geträumt haben mögen. An ihren alten Status konnten sie nicht anknüpfen.

Sie waren Staatenlose und wurden in manchen Ländern als »feindliche Ausländer« interniert. Die meisten konnten in den Anfangsjahren nur gering bezahlte Arbeiten übernehmen. Beziehungen zerbrachen an diesen schwierigen Bedingungen.

Wolfgang Blech, nach Los Angeles emigriert, sah seine Eltern nie wieder. Lisel Blech, mittlerweile mit Herbert Sandberg in Stockholm verheiratet, besuchte ihre Eltern mit ihrer Tochter Irene in den Ferien in Berlin.

Nachdem Adolf Chaskel in London eine Arbeitsgenehmigung erhalten hatte, gründete er 1939 eine Fabrikation von Möbelstoffen. Sein Neuanfang scheiterte mit dem Kriegsausbruch. Er wurde als »feindlicher Ausländer« für ein Jahr interniert.

Als Staatenlose bestritten Paul Fiegel als Packer und sein Sohn Bernd als Arbeiter auf einer Geflügelfarm ihren Unterhalt. Erna Fiegel verdiente mit selbst gefertigten Filzblumen etwas dazu.

Max Lewy, der Spanisch nicht beherrschte und kein Vermögen mehr besaß, um sich in Buenos Aires wieder selbständig machen zu können, zog als Trödler von Haus zu Haus, bis er mit seiner Frau auf dem »Mercado Italiano«, einem offenen Markt, einen kleinen Stand mit Stoffresten eröffnete.

Knapp sieben Wochen nach Fritz Wolffs Tod wurde am 16. Juni 1940 Paris von der Wehrmacht besetzt. Um der Deportation zu entgehen, tauchte Else Wolff von Februar 1943 bis August 1944 unter.

Oskar Wolkenberg hatte alles verloren. Sein Haus in der Großbeerenstraße 26 wurde bei einem Bombenangriff zerstört; das in Ostberlin gelegene Grundstück 1955 enteignet. Eine feste Anstellung fand er nicht mehr. Die Ehe wurde geschieden. Er lebte dann bei seinem Bruder Max in Nizza.

»Ich kann und will nicht in einem katholisch geführten Siechenheim zugrunde gehen und bitte dringend und inständlich um Hülfe (sic)«, schrieb Selma Wechsler im Juli 1950 an die Internationale Flüchtlingsorganisation (IRO). »A very likely and amusing old lady, whose vivanity is, when one considers her age, really astouning«, befanden die IRO-Mitarbeiter und empfahlen Mitte 1951 ihre Verlegung. Ihre Nichte Dietgard Meyer besorgte ihr über die Diakonie eine Wohnung in Frankfurt am Main. »Cidy war dort natürlich nicht sehr glücklich«, sagte sie und fügte hinzu, »wenn man bedenkt wie sie vorher gelebt hat.«

In die Mommsenstraße kehrten jüdische Bewohner zurück. Das belegt die hebräische Wochenschrift *Lakarov Ulerahok* (»To the Near und Far«), auf die wir gestoßen sind. Sie erschien in 63 Ausgaben von Juli 1945 bis September 1947 und beinhaltet die Namen von mehr als 180.000 Überlebenden der Shoah, nach Ländern geordnet. Bei dem bislang nicht ausgewerteten Dokument handelt es sich um die Ausgabe vom 4. Oktober 1945. Darin sind »Die überlebenden Juden in Berlin« in lateinischer Schrift aufgelistet. Der hebräische Text im Kasten unter der Überschrift, den der Gründungsdirektor des Centrum Judaicum – Neue Synagoge Berlin, Hermann Simon, uns übersetzt hat, lautet: »Auf dieser Liste stehen die Namen der Juden, die in Berlin illegal lebten oder die aus den Vernichtungslagern wiedergekommen sind und sich in Berlin gemeldet haben.« Die meisten der 353 in dieser Ausgabe für Berlin aufgeführten Personen wohnten im Westen, viele im Bereich um den Kurfürstendamm, 16 davon in 9 Häusern in der Mommsenstraße (Nr. 4, 17, 18, 22, 43, 55, 56, 62, 65).

In der Mommsenstraße 6, Parterre links, eröffnete 1956 der Arzt Leo Gordon seine Praxis. Er, seine Frau Irma und ihr Sohn Michael, waren nach ihrer Emigration in Shanghai und Israel nach Berlin zurückgekehrt. Bis 1938 hatte er in der Schlüterstraße 36, direkt um die Ecke, seine Praxis. Seine Frau Irma, geb. Schweitzer, war als Tochter eines Strickwarenfabrikanten in der Mommsenstraße 50 aufgewachsen. Gordon gehörte dem Vorstand der neuen Jüdischen Gemeinde zu Berlin an. Ein Anknüpfen an die Zeit vor der Vertreibung war nicht möglich: »Man grüßte sich höflich. Aber das Syndrom wirkte: ›Was hat der gemacht damals?‹«, erzählte uns sein Sohn Michael Gordon.

Von der Entnazifizierung waren die Hausbewohner auf unterschiedliche Weise betroffen. Rolf Bünger wurde 1948 von der Spruchkammer IX. des Staatskommissariats für die politische Säuberung, Land Württemberg-Hohenzollern, als Mitläufer eingestuft. Sühnemaßnahmen wurden nicht angeordnet. Fritz Georg Zimmermann traf es härter. 1946 wurde sein Personalausweis im Polizeipräsidium mit einem Reliefabdruck (»Trockenstempel«) versehen, um den Prozeß der Entnazifizierung kenntlich zu machen und verdingte sich als Hilfsarbeiter. Erst 1949 durfte er in seinen alten Beruf zurückkehren. Oskar Kalbus brachte neun Zeugen, die deckungsgleich vor der Spruchkammer Heidelberg aussagten, er sei unpolitisch gewesen. Sie ließ sich von ihm überzeugen, dass sein Werk *Vom Werden deutscher Filmkunst* ein »Akt offenen Widerstandes gegen die Grundtendenzen des Nationalsozialismus« gewesen sei, stufte ihn 1947 als »Mitläufer« ein und legte ihm RM 1.000 als »Sühnemaßnahme« auf, zu leisten an einen Wiedergutmachungsfonds. William Eisen konnte sich der Entnazifizierung entziehen. Er bezeichnete sich als »Flüchtling« und lebte als Rechtsanwalt in München.

Heinrich Molsen war zuletzt im Lager Staumühle in der Senne in Ostwestfalen interniert. Auf Anordnung der britischen Militärregierung wurden ab 1947 Spruchgerichte gebildet, um Internierte abzuurteilen, die einer der vom Nürnberger Militärtribunal im Oktober 1946 als verbrecherisch erklärten Organisationen angehört hatten: NSDAP-Führerkorps, Gestapo, SD und SS. Bei den Vernehmungen war es seine Strategie, alles zu bestreiten bzw. ihn kompromittierende Sachverhalte zu verschweigen. Das Spruchgericht Bielefeld verurteilte ihn am 8. März 1948 zu drei Jahren Gefängnis. Danach legte er Revision ein. Jetzt wechselte er seine Strategie und bestätigte, ihm sei die Judenverfolgung bekannt gewesen, nicht die »Grausamkeiten und Misshandlungen in den KZ«. Die Aneignung einer »Judenwohnung«, die den Tod Clara Lehmanns und die Lagerhaft Selma Wechslers zur Folge hatte, unterschlug er. Am 4. Februar 1949 wurde er zu einer Geldstrafe von 4.000 DM verurteilt. »Strafmindernd musste berücksichtigt werden«, hielt das Gericht fest, der Angeklagte habe sich zwar »aktivistisch betätigt, aber 1. als Idealist und so 2. nicht in üblem Sinne«. Es bezeichnete ihn als »durchaus sozial wertvoll«. Er habe sich »persönlich sauber verhalten, [...] auch in der vergangenen schweren Zeit.« Molsen lebte in Hannover und wurde Herausgeber einer juristischen Fachzeitschrift.

DANK

Ein Buch hat viele Mütter und Väter. Ihnen gebührt unser Dank. Zuallererst Nachfahren früherer Bewohner des Hauses, die uns Einsicht in Nachlässe gewährt und an Ihrem Wissen haben teilhaben lassen: Naomi und Paul Fiegel, Irene Frykholm, Dietgard Meyer, Patricia Lustig und Nic Pulford, Lauren Burden, Michael Gordon, Theresia Pabst-Olbrich, Renate Vogt-Scheffler, Matthew Wyneken und Stephan Freiherr von Zobel zu Giebelstadt.

Ein besonderer Dank gilt unserer Nachbarin Monika Zenke, die von Beginn an die Entstehung des Texts mit Ermutigung und Zuspruch begleitet und ihn gegengelesen hat. Kritische Leser und Ratgeber waren Hermann Simon, Oliver Wurl, Maximilian Baumann, Lars Frykholm, Rüdiger May und Martin Wünschmann. Auskünfte und Hinweise erhielten wir von Nachbarn im Haus: Beatrix Althen-Schnippenkoetter, Gabriele Bandel, Bernd Hagen, Ute Peters, Christiane Rinke sowie Eva und Bodo Wulfert.

Mitarbeiterinnen und Mitarbeiter folgender Archive unterstützten unsere Forschung: Archiv der Akademie der Künste, Brandenburgisches Landeshauptarchiv in Potsdam, Bundesarchive in Berlin-Lichterfelde, Freiburg und Koblenz, Archiv des Centrum Judaicum, Stiftung Neue Synagoge Berlin, Deutsches Literaturarchiv Marbach, Entschädigungsbehörde Opfer des Nationalsozialismus in Berlin sowie Landesarchiv Berlin.

Frauke Jung-Lindemann danken wir für Ihre engagierte Betreuung und Gudrun Fröba und Rainer Nitsche sowie unseren Lesern für ihr Vertrauen.

QUELLEN- UND LITERATURVERZEICHNIS

A. QUELLEN

1. Nachlässe (Privatbesitz)

Nachlass Bernhard Fiegel (im Besitz von Naomi und Paul Fiegel, Sydney, Australien). Enthält: Geschäftspapiere Firma Fiegel; Korrespondenz, Tagebücher Erna und Bernd Fiegel; Unterlagen zur Emigration, zur Einwanderung und Einbürgerung in Australien; Fotosammlung.

Nachlass Lisel Blech/Sandberg (im Besitz ihrer Tochter Irene Frykholm, Stockholm). Enthält: 4 Erinnerungsbücher Leo Blechs für seine Tochter Lisel mit Fotos und persönlichen Notizen zu ihrem Werdegang, Zeitungsausschnitte zu seinen Kompositionen und Auftritten als Dirigent sowie politischen und gesellschaftlichen Entwicklungen; Erinnerungsbuch über den Aufenthalt in Wien mit seinem Sohn Wolfgang; Erinnerungsbuch über seine Zeit in Stockholm.

Nachlass Patricia Lustig/Pulford (Nachfahrin von Harry Lustig, Bruder Elsa Seltens). Enthält: Briefe von Ernst und Elsa Selten an Irene Sachs, geb. Lewin, Elsas in die USA emigrierte Tante in Bezug auf Affidavit und Emigration/Flucht; Fotosammlung zur Familie Selten/Lustig, darunter Fotos von Fritz Selten.

Nachlass Adolf Chaskel (im Besitz seiner Enkelin). Die Ehefrau von deren Sohn Jack (Andrew), Lauren Burden, übermittelte uns Unterlagen: Fotosammlung der Familie Adolf Chaskel, Werbung der Firma Teppich Bursch, Berlin sowie Informationen über seine in England neu gegründete Firma.

Nachlass Scheffler (im Besitz seiner Tochter Renate Vogt/Scheffler). Enthält: Fotosammlung, darunter Aufnahme von Mommsenstrasse 6.

2. Mündliche Überlieferungen

Zahlreiche Nachfahren früherer Hausbewohner ließen uns teilhaben am Wissen über ihre Vorfahren und deren Leben in der Mommsenstraße 6: Lauren Burden, Naomi und Paul Fiegel, Irene Frykholm, Michael Gordon, Patricia Lustig und Nic Pulford, Dietgard Meyer, Theresia Pabst-Olbrich, Renate Vogt/Scheffler, Mathew Wyneken und Stephan Freiherr von Zobel zu Giebelstadt.

3. Archive und Bibliotheken

Archiv der Akademie der Künste (ADK)

Archiv Darstellende Kunst:

Reuker 589 (Zeitungsausschnittsammlung, darunter Leo Blech).

Tietjen 46 (Rückruf von Leo Blech nach Deutschland, Brief vom 20.5.1945; Brief vom 3.8.1946; Erklärung von Leo Blech über die Möglichkeit der Ausreise der

Familie nach Stockholm 1941). – Tietjen 166 (Negativ eines Fotos von Heinz Tietjen, Leo Blech und Richard Strauss). – Tietjen 223 (Fotos Geburtstagsgala von Leo Blech, Fotos Aufführung *Das war ich/Versiegelt*). – Tietjen 340 (Korrespondenz mit Leo Blech, Neuinszenierung *Carmen*/Bizet; Engagement von Leo Blech an der Städtischen Oper Berlin ab 1.9.1949). – Tietjen 341, 342, 343, 344, 345 (Korrespondenz mit Leo Blech). – Tietjen 458 (Korrespondenz von Leo Blech mit Ernst Kraus). – Tietjen 623 (Generalmusikdirektor Leo Blech).

Fotosammlung-Theater 603, 1120 (Leo Blech, Künstlerpostkarte, Porträtfoto).

Friedrich-Götz 1938 (Leo Blech am Pult der Lindenoper 1913; Generalprobe zur *Walküre*).

Isenstein 17 (Leo Blech und Richard Strauss).

Legal-Ernst 300 (Beschäftigung von L. Blech an der Deutschen Staatsoper Berlin).

Personendossiers Blech, Leo.

Filmdokumentation 1249 (Oskar Kalbus). – Filmfotos 2571, 2572 (Oskar Kalbus). – Filmprogramme 5507, 5440 (Oskar Kalbus).

Begas-Sammlung 26 (Sammlung Otto Neumann-Hofer).

Musikarchiv:

Schnabel-Artur 865 (Briefautograf Oskar Bie an Harry Graf Kessler).

Musiksammlung 189 (Leo Blech).

Archiv für Zeitgeschichte, Zürich

Bestand Verband Schweizerischer Jüdischer Flüchtlingshilfen / Fürsorgen (VSJF).

Bad Arolsen, Internationaler Suchdienst (ISD)

Kartei der Reichsvereinigung der Juden in Deutschland (RVJD) (unvollständig überliefert).

Bauaktenarchiv (BA), Bezirksamt Charlottenburg-Wilmersdorf, Stadtentwicklungsamt, FB Bau- und Wohnungsaufsicht

Bauschein Nr. 275 vom 4.11.1903, Albert Gessner, Mommsenstraße 6 (Gelbes Haus I).

Akten der Städtischen Baupolizei, Bez. Charlottenburg, Bd, 176, No. 5103, Mommsenstraße 6, Vol. 1.

Berlinische Galerie (bg)

»Kunstarchiv Schweiger«, Werner J. Schweiger, Dokumentarischer Nachlass (Material über Forschungen zum Kunstmarkt zwischen 1905 und 1937). Der Beitrag über die Neue Kunsthandlung Samuel Margules, nennt zwei Ausstellungen mit Werken von Else und Fritz Wolff 1917 und 1919.

Brandenburgisches Landeshauptarchiv Potsdam (BLHA)

Rep 36 A, Oberfinanzpräsident Berlin-Brandenburg (II) (OFP) der »Vermögensverwaltungsstelle«, Nr. 5748 Adolf Chaskel, 9092 Paul Fiegel 7938, 16521 Abraham Isaacsohn, 16704 Max Jacob, 21566 Clara Lehmann, geb. Meyer, 28357 Samuel Neumann, 30393 Sally Putschinski, 32417 Paula Rubensohn.

Rep 36 A, 2.5. Transportlisten (1941-1945).

Rep 4 A Kammergericht Berlin, Personalia, Nr. 7938 Abraham Isaacsohn, 9556 William Eisen.

Bundesarchiv Berlin (BArch Berlin-Lichterfelde)

R 55-56, Provenienzen Propagandaministerium und Reichskulturkammer.

R 58/913 Reichssicherheitshauptamt (RSHA), Überprüfung und Verbot von Büchern.

R 58/3197 RSHA, Abt. IV, Sonderkommission 20. Juli 1944, GEHEIM, enthält: Festnahmeliste und Union Klub, Erfassung der Mitglieder durch die Geheime Staatspolizei (Verzeichnis), Juli 1944, darin: Zobel zu Giebelstadt, Hugo, Frhr. von, Rittmeister d.R.

R 3002 Reichsgericht.

R 4606 Generalbauinspekteur für die Reichshauptstadt (GBI). Raumbeschaffung für eigene Zwecke 1937-1945. – R 4606/3560, Pläne und Zeichnungen über »Judenreine Gebiete der Stadt Berlin«; enthält: Bezirk Charlottenburg, Wilmersdorf (Kopie, Original im LAB). – R 4606/4111, Nr. 1, Bd. 1: Raumbedarfsmeldungen und Verteilungsvorschläge 1938-1945; enthält u. a. Räumung von Wohnungen von Juden. – R 4606/4638, Dienstbetrieb der Umsiedlungsabteilung 1939-1943; enthält u. a.: Verfahren zur Erfassung und Weitervermieten ehemaliger Wohnungen von Juden, 1942; Liste der ohne Vertragsabschluss durch die Wehrmacht beschlagnahmten Bereichsgrundstücke; Aufstellung der Bereiche, 1939; Wohnungsnachweis für Mieter aus Räumungsbereichen Bez. Tiergarten; Listen ausgegebener Mietberechtigungsscheine, 1942; Umwandlungen von Wohnungen in Räume anderer Art, 1939-1943. – R 4606/4626, Verzeichnisse geräumter Wohnungen, deren Vormieter vor allem Juden waren, Bd. 26: 1. Räumungsaktion im Feb. 1941. – R 4606/4627, Bd. 27; Räumungsverzeichnisse für den Bereich 4, 1941-1942; 4628, Bd. 28: für die Bereiche 9, 12, 13, 14, 22, 23, 1941-1942; 4629, Bd. 29: für die Bereiche 25, 29, 33, 40, 41, 45, 1941-1942; 4630, Bd. 30: für den Bereich 100, 1941-1942.

R 9361-I-III Sammlung Berlin Document Center (BDC), Personenbezogene Unterlagen der NSDAP, SS und SA. – R 9361-II Parteikorrespondenz. – R 9361-IX NSDAP-Gaukartei. – R 9361-VIII NSDAP-Zentralkartei. – R 9361-I/642 Personenstandsbezogene Unterlagen der NSDAP. – R 9361-V/17352 Personenstandsbezogene Unterlagen der Reichskulturkammer (RKK). – R 9361-I/428, 776 Parteistatistische Erhebung 1939.

R 9361/5V, Reichskulturkammer der bildenden Künste, Reichsschrifttumskammer.

R 1509 Reichssippenamt – Ergänzungskarten für Angaben über Abstammung und Vorbildung aus der Volkszählung (VZ) v. 17. Mai 1939; Angaben über eine jüdische Abstammung: Mommsenstraße 6: Margarethe Bayer, Abraham und Fanny Isaacsohn, Clara Lehmann, Berthold Magner, Margot, Peter und Samuel Neumann, Sally Putschinsky, Paula Rubensohn, Selma Wechsler.

Residentenliste – Liste der jüdischen Einwohner, die zwischen 1933 und 1945 im Deutschen Reich (in den Grenzen vom 31.12.1937) ansässig waren und wegen ihrer jüdischen Abstammung oder Religion verfolgt wurden.

RVJD-Kartei / KANN-LEJ/1516, 1517, 1518.

ZSg 138 Gestapolisten.

Bundesarchiv Militärarchiv Freiburg (BArch Freiburg)
PERS 6/168311 Dr. Kurt Theodor Wenzig, PERS 6/233214 A. Wilhelm Eisen.
RL 5/891 Kurt Wenzig, Vorschlagsliste Verleihung Kriegsverdienstkreuz 1. Kl. mit Schwertern.
RW 59/2147 Fliegerkartei, A. Wilhelm Eisen, RW 59/2147 Fliegerkartei, Johannes Hackbarth.
RW 59/1804 Personalveränderungsliste, Johannes Hackbarth.
RW 59/16525 Strafkartei, A. Wilhelm Eisen, Vergehen: Wegen Untreue und Unterschlagung.
Bundesarchiv Koblenz (Barch Koblenz)
Z 42-VI/4520 Spruchgerichte in der Britischen Besatzungszone: Dr. Heinrich Molsen.
Centrum Judaicum, Archiv, (CJ), Stiftung Neue Synagoge Berlin
Verzeichnisse der wahlfähigen (männlichen) Mitglieder der jüdischen Gemeinde zu Berlin für die Jahre 1904, 1907, 1910, 1913, 1916 (Die Verzeichnisse erschienen alle drei Jahre zu den Repräsentantenwahlen). – CJ A, 2 A 1, Austrittskarteien der Jüdischen Gemeinde zu Berlin. – Friedhof Weißensee: Sterberegister, Beisetzungsregister.
Deutsches Literaturarchiv Marbach (DLA Marbach)
Fritz Wolff an Kurt Tucholsky, Berlin, 25.5.1920, 1 Kte., Akquisitionsnummer 74.948,1, Fritz Wolff an Kurt Tucholsky, Berlin, 1 Bl., 29.12.1927, Nr. 74.948,2 (mit Zeichnungen).
Eidgenössische Technische Hochschule Zürich (ETH), Archiv für Zeitgeschichte
Dossier zu Oskar Wolkenberg (16 Seiten).
Landesamt für Bürger- und Ordnungsangelegenheiten (LABO), Entschädigungsbehörde Opfer des Nationalsozialismus
Zu jüdischen Bewohnern Mommsenstrasse 6: Leo Blech 5.327, Hugo Lauterbach 14.627 u. 211.859, Lehmann 18.387, Wechsler 29.418, Chaskel 51.969, Antonie Bie 52.409, Leo Gordon 58.427, Fiegel 53.949, Isaacsohn 64.113, Wolff 70.840, Rubensohn 71.133, Neumann 72.163, Selten 172.739, Wolkenberg 277.223, Lewy, Else 329.486, Wolfgang Blech 336.824.
Landesarchiv Berlin (LAB)
A Pr. Br. Rep. 030 Polizeipräsidium Berlin I, Nr. 13591, Auskunft über Theaterdirektor Dr. phil. Alfred Schmidtgen, Findbuch 1907-1914. – A Pr. Br. Rep. 030-05-02 – Polizeipräsidium Berlin, Theaterpolizei – Zensurenexemplare Neuer Teil, I. Nr. 4994 und I. Nr. 6970 (Textbücher). – A Pr. Br. Rep. 030-05, Polizeipräsidium Berlin – Berlin-Theaterpolizei. (dt. Titel 74) I, Nr. 2527 Emil Lessing, Nr. 3025, Erteilung der Kommission an den Oberregisseur Alfred Schmidtgen, Findbuch 1904-1913.
A Pr. Br. Rep. 107, Karten, Nr. 7, Generalbauinspekteur der Reichshauptstadt, Zeichnungen über »Judenreine Gebiete der Stadt Berlin«.
A Rep. 243-04, Nr. 7711/Film Nr. 143, Personenakte Georg Siewert / Reichskammer der bildenden Künste.

A Rep. 342-02, Amtsgericht-Mitte: Nr. 32519, 39312, 41960 Hugo Lauterbach, 35225 Samuel u. Peter Neumann, 39735 Max Lewy, Nr. 47243 August Brünell; Amtsgericht Tegeler Weg: Nr. 18570 Rolf Bünger.

A Rep. 244-01, Nr. 608, einzelne Unterlagen aus dem Bereich der Ortsgruppe Mommsen, 1937 (Abgabe des BArch (ehem. NS-Dokumentation der Stasi)), Indexnummer 441.

C Rep. 375-01-08. Min. f. Staatssicherheit der DDR, Abtlg. IX/11, NS-Sondersammlung-Teil Berlin. NSDAP, SA, SS, Nr. 4741 Bl. 001-180, Karteikarten, hier: Erich Uetrecht.

B Rep. 012, Nr.478, Gotzkowsky Apotheke, Peter Seiwert, Nr.886, Verlegung von Apotheken im Zuge des neuen Bauprogramms für die Stadt Berlin.

B Rep. 021 Historische Einwohnermeldekarte (EMK; unvollständig erhalten) von 1875 bis 1960 Berlin (-West) und bis 1949 Berlin (-Ost). (darin: Oskar Kalbus, Max Lewy, Berthold Magner, Hugo Matthias, Cornelius Witt, Hugo Freiherr von Zobel).

B Rep. 025-06, Nr.6206/59 und B Rep. 025-06, Nr. 1238/65 Wiedergutmachungsakte zu Selma Wechsler. – B Rep. 025 (F) – 6 WGA 3270-88/50, 61 WGA 1184/55, 11 WGA 702/55, 11 WGA 911/55, 63 WGA 852/55, 61 WGA 1184/55 Wiedergutmachungsämter von Berlin zu Verfahren von Erna und Paul Fiegel gegen das Deutsche Reich; 24 WGA 261/64, 25 WGA 545-46/61 u. 34 WGA 15275/JRSO Ernst Selten; 81 WGA 3153/51 u. 84 WGA 3460/55 Elsa Selten, B Rep. 025-08, Nr. 3153/51 Ehepaar Selten (Harry Lustig).

B Rep. 032-01, Der Treuhänder der amerikanischen, britischen und französischen Militärregierung für zwangsübertragenes Vermögen. JRSO für Adolf Chaskel.

B Rep. 057-01, Generalstaatsanwaltschaft bei dem Kammergericht – Arbeitsgruppe RSHA (Bestand).

C Rep. 031-01-06, Entnazifizierung, Nr.455, Fritz Zimmermann.

C Rep. 250-04-02, Nr.16, Inhaberwechsel, u. a. Verkauf der Firma H. Bursch durch Adolf Chaskel.

P Rep. 551, Standesamt Charlottenburg I, 553 Charlottenburg II, 555 Charlottenburg III, 570 Wilmersdorf, 575 Schmargendorf, 700 Steglitz, 711 Lichterfelde (Personenstandsregister).

PrV, Anerkennungsfragebogen für politisch, rassistisch und religiös Verfolgte, K.-271, Hugo Lauterbach.

Landesarchiv Karlsruhe

AZ: 59/3/991-32939, Spruchkammer Heidelberg, Urteilsspruch vom 2.10.1947, Oskar Kalbus.

G.L.A. 57 a, Nr. 700, Generaldirektion des Großherzoglichen Hoftheaters Karlsruhe, Dienstsache Maria Eisenhut.

Landeskirchliches Archiv in Berlin (ELAB)

Taufeintrag für die Schwestern Clara Lehmann und Selma Wechsler in der Evangelischen Kirchengemeinde St. Andreas in Berlin am 15. Mai 1909.

Leo-Baeck-Institute New York/ Dependance Jüdisches Museum Berlin

Nachlass Wolff und Mosse

Les Archives de la Prefecture de Police, Paris

Fritz und Else Wolff.

Staatsbibliothek zu Berlin – Preußischer Kulturbesitz

Nachlass Otto Hirschfeld, Ernst Troeltsch an Otto Hirschfeld, Berlin 18.9.1917.

Zentralarchiv des russischen Verteidigungsministeriums, Podolsk bei Moskau

Originalunterlagen des Berliner Stadtkommandanten von Gross-Berlin sowie der ihm unterstellten Stadtbezirkskommandanturen. Laut Auskunft von Dr. Lutz Prieß, Deutsch-Russisches Museum Berlin-Karlshorst.

Zentrum für Antisemitismusforschung (ZfA), Forschungseinrichtung der Technischen Universität Berlin

Der Stürmer, 1937/41, 1938/04, 1938/24, 1938/36, 1939/50 (Mikrofilm).

4. Eingesehene Zeitungen, Zeitschriften und Nachschlagewerke

Adressbuch von Bildenden Künstlern der Gegenwart, Jg. 1898, Hrsg. von Adolf Bothe, Redaktionssekretär der »Kunst für Alle«; Amtliche Fernsprechbücher für Berlin; Aufbau; Berliner Adressbücher, Branchen- und Straßenadressbücher; Berliner Börsenzeitung; Berliner Tageblatt; Kampf im Westen, Mitteilungsblatt der NSDAP, Gau Groß-Berlin; Der Panzerbär; Der Stürmer; Der Wahre Jacob; Dietzlers Auto-Adressbuch für Gross-Berlin, Franz Dietzler Berlin, 1926-1934; Die Woche; Gesellschaft von Berlin. Hand- und Adressbuch für die Gesellschaft von Berlin, Charlottenburg und Potsdam, 2. Jg., Berlin, Adolph Hein Verlag, 1891-92; Frankfurter Zeitung; Jüdisches Adressbuch für Groß-Berlin (1929/30, 1931); Lachen Links; Mommsen-Nazi; Pariser Tageblatt; Pariser Tageszeitung; The London Gazette; Ulk. Illustriertes Wochenblatt für Humor und Satire; Zentralblatt der Bauverwaltung. Hrsg. im Ministerium der öffentlichen Arbeiten. Nr. 19, Berlin, 3. März 1906, 26. Jahrgang, S. 121-124.

B. LITERATUR

1. Primärliteratur

Bukow, F. J., *Frühjahr des Sieges und der Befreiung* (Erinnerungen), 1. Auflage, Berlin (-Ost) 1979, S. 393; darin: Namen von sowjet. Stadbezirkskommandanten aus den Maitagen 1945. In Charlottenburg war Oberst N.G. Gusseinow als Kommandant zeitweise im Amt.

Der Cicerone, Heft 9, 27.2.1919, S. 94.

Monatshefte der Comenius Gesellschaft für Volkserziehung, 1910, April, Heft 2.

Dokumentation: *Kommen Sie in Ihre Heimat zurück!* Briefe von, an und über Generalmusikdirektor Blech, in: Sinn und Form, 54. Jahr, 2002, 5. Heft, Aufbau Verlag Berlin.

Duncker, Dora, *Meine Herren Collegen. Momentaufnahmen von einer jungen Schriftstellerin*, G. Pohlmann, Berlin 1894.

Eloesser, Arthur, Oscar Bie. Zum 60. Geburtstag, Weltbühne, XX. Jg.1924, 1. Bd.

Findahl, Theo, *Letzter Akt Berlin 1939-1945*, Hammerich & Lesser, Hamburg, 1946. (Titel der norwegischen Originalausgabe *Untergang Berlin 1939-1945*).

Kalbus, Oskar, *Vom Werden deutscher Filmkunst,* 1. Teil, Der Stumme Film, 2. Teil Der Tonfilm, Altona-Bahrenfeld (Cigaretten-Bilderdienst) 1935.

Kalbus, Oskar, *Die besten Jahre eines Lebens für den Film. Eine Rückblende auf sieben Jahrzehnte (1890-1960)*, Zusammengestellt von Maja Kalbus; Verlag: Film-Echo, Wiesbaden, o.J.

Kessler, Harry Graf, *Das Tagebuch*, Vierter Band. 1906-1914. Hrsg. von Jörg Schuster unter Mitarbeit von Janna Brechmacher, Christoph Hilse, Angela Reinthal und Günter Riederer, Cotta.

Lasker-Schüler, Else, *Gesammelte Gedichte,* darin: Fritz Wolff (Essay), Verlag der Weißen Bücher, Leipzig 1917.

Mühsam, Erich, *Berliner Nachlese,* in: *Gegen das Vergessen – Ausgewählte Werke und Schriften*.

Pauly, Ernst (Hrsg.), *20 Jahre Café des Westens. Erinnerungen vom Kurfürstendamm*, Berlin-Charlottenburg 1913/14.

Reznicek, Felicitas von, *Gegen den Strom: Leben und Werk von E.N. von Reznicek*, Amalthea-Verlag, Zürich 1960.

Sanderling, Kurt, *Andere machten Geschichte, ich machte Musik. Die Lebensgeschichte des Dirigenten in Gesprächen und Dokumenten* – Erfragt, zusammengestellt und aufgeschrieben von Ulrich Roloff-Momin unter Mitarbeit von Christine Fischer-Defoy, Parthas Verlag, Berlin 2002.

Schwarz; Karl, *Ein neuer Kunstsalon*, in: Ost und West 1917, Heft 9 (Sept. 1917), S. 401-406.

Sudermann, Hermann, *Das Bilderbuch meiner Jugend*, Cotta 1922.

Viebig, Ernst, *Die unvollendete Symphonie meines Lebens. Einer berühmten Mutter jüdischer Sohn erinnert sich*. Hrsg. von Christel Aretz und Peter Kämmereit, mit einem Vorwort von Volker Neuhaus, Rhein-Mosel-Verlag, Zell an der Mosel 2012.

2. Sekundärliteratur

Katalog der Galerie Bassenge, *Literatur, Spazierstöcke und Autographen*, Auktionsdatum 12.10.2022, Los 2344, Lasker-Schüler, Else, 12 eigh. Briefe, 1 eigh. Postkarte, 1 Gedicht – Typoskript.

Berlin. *Kampf um Freiheit und Selbstverwaltung 1945-1946*. Hrsg. im Auftrage des Senats von Berlin, Heinz Spitzing Verlag, Berlin 1961.

Berlin um 1900. *Architektur der Großstadt, Reformmiethaus und Siedlung* (darin Gessners Mommsenstraße 6), Ausstellung der Berlinischen Galerie in Verbindung mit der Akademie der Künste zu den Berliner Festwochen 1984.

Berlin und seine Bauten, Teil IV. Wohnungsbau, Band B: Die Wohngebäude – Mehrfamilienhäuser, Verlag von Wilhelm Ernst & Sohn, Berlin-München-Düsseldorf 1974, S. 191-196.

Bonte, Achim, *Happy End für eine Filmbibliothek?* Die Sammlung Kalbus in der Universitätsbibliothek Heidelberg, in: Die Theke 2002, S. 27-33.

Gedenkbuch Berlins: Der jüdischen Opfer des Nationalsozialismus, Edition Hentrich, Berlin 1995.

Gedenkbuch des Bundesarchivs für die Opfer der Verfolgung der Juden unter der nationalsozialistischen Gewaltherrschaft 1933-1945.

Geschichtswissenschaft in Berlin im 19. und 20. Jh., Persönlichkeiten und Institutionen, Hrsg. von Reimer Hansen und Wolfgang Ribbe, Walter de Gruyter, Berlin, NY 1992.

Gyßling, Walter, *Mein Leben in Deutschland vor und nach 1933* und *Der Anti-Nazi: Handbuch im Kampf gegen die NSDAP,* Hrsg. und eingeleitet von Leonidas E. Hill. Mit einem Vorwort von Arnold Paucker, Donat Verlag 2003.

Keil, Hans-Joachim, *Prof. Dr. Adolf Neumann-Hofer (1867 bis 1925) in Lippe (1899 bis 1925). Der einflussreiche linksliberale Modernisierer in Politik, Regierung, Wirtschaft, Pressewesen und Gesellschaft.* Die digitale Biografie mit umfangreichem Quellenmaterial, Detmold 2018.

Kreutzmüller, Christoph, *Ausverkauf – Die Vernichtung der jüdischen Gewerbetätigkeit in Berlin 1930-1945,* Berlin 2011.

Mackenzie Paul, *The Shackling Crisis: Krieger in Ketten. Eine Fallstudie über die Dynamik der Kriegsgefangenenpolitik,* in: Bischof, Günter (Hg): *Kriegsgefangenschaft im Zweiten Weltkrieg. Eine vergleichende Perspektive,* Ternitz-Pottschach 1999, S. 60 ff.

Maschke, Erich (Hg.), *Zur Geschichte der deutschen Kriegsgefangenen des. 2. Weltkrieges.* In den Bänden XI/1 und XI/2 über deutsche Kriegsgefangene in britischer Hand; in XI/1 unter V. »Die Entlassung« ausführlich behandelt. Veröffentlichungen der Wissenschaftlichen Kommission. Hrsg. in den Jahren 1962 bis 1974, Verlag Ernst und Werner Gieseking, Bielefeld.

Mommsen, Hans, *Ein Erlass Himmlers zur Bekämpfung der Korruption in der inneren Verwaltung von Dezember 1944,* in: VfZ, Jg. 16 (1968), Heft 3, S. 295-309.

Richards, Lee, *The Black Art: British Clandestine Psychological Warfare against the Third Reich,* 2010, S. 394-395.

Saunders, Andy, *Luftwaffe Bombers in the Battle of Britain: Rare photographs from wartime archives,* 2014.

Schaumann, Caroline, *Memory Matters: Generational Responses to Germany's Nazi Past in Recent Women's Literature,* Band 4 der Reihe Interdisciplinary German Cultural Studies, Walter de Gruyter, 2008, S. 318-321.

Singer, Isidore, Frankfurter, Salomon, *Jewish Encyclopedia,* darin: Otto Hirschfeld.

Sträßner, Matthias, *Der Dirigent Leo Borchard 1899-1945. Eine unvollendete Karriere,* Transit Verlag, Berlin 1999.

Wetzel, Jürgen, *Inflation in Berlin 1923,* in: Mitteilungen des Vereins für die Geschichte Berlins, 69. Jg., Nr.12, 1.10.1973, S. 337-347.

BILDNACHWEIS

Aktives Museum, Faschismus und Widerstand in Berlin e.V., Mitgliederrundbrief 76, Jan. 2017, S. 106
Archiv der Akademie der Künste Berlin, S. 62, 174
Arolsen Archiv, S. 151
Bauaktenarchiv Berlin-Charlottenburg, Grundriss Albert Gessner, S. 11
Wolf-Rüdiger Baumann, Privatbesitz, S. 30
Berliner Leben, 1900, Jg. 3, Heft 3, 1904, Jg. 7, Heft 9, 1906, Jg. 9, Heft 1, S. 17, 21, 36
Gustav Dahms, Das Litterarische Berlin, Taendler Berlin 1895, S. 25
Bundesrechtsanwaltskammer, S. 152
SLUB, Deutsche Fotothek S. 41
Entschädigungsbehörde Opfer des Nationalsozialismus, LABO Berlin, S. 117, 170
Naomi und Paul Fiegel, Privatbesitz, S. 83, 101, 103, 118, 121
Irene und Lars Frykholm, Privatbesitz, S. 31, 51, 57, 67, 71, 74
Joseph Goebbels, Das erwachende Berlin! 2. Auflage 1934, Fritz Ehard Nachf. München, S. 34, 85
Humor um uns! Ein lachendes Hausbuch, Paul Franke Verlag Berlin, 1931, S. 41
Oskar Kalbus 1890-1960, S. 99
Lachen Links, 1924, Jg. 1, Nr. 20 und Nr. 49, S. 61, 84
Landesarchiv Berlin, S. 138, 150
Patricia Lustig, Nic Pulford, Privatbesitz, S. 111
Der Mommsen-Nazi, Mitteilungsblatt der Sektion Mommsen, Jg. 1931, S. 76
Reichsvereinigung der Juden in Deutschland (RVJD-Kartei / KANN-LEJ, 1516-18), S. 127
Lee Richards, The Black Art: British Clandestine Psychological Warfare against the Third Reich, 2010, S. 131
Claudia Saam, Privatbesitz, S. 20
Andy Saunders, Luftwaffe Bombers in the Battle of Britain: Rare photographs from wartime, S 130
Ulk, September 1925, Heft 36, S. 65
Renate Vogt / Scheffler, Privatbesitz, S. 165
Zentralblatt der Bauverwaltung, Nr. 19, Berlin 1906, S. 12

In einigen Fällen konnten die Rechteinhaber nicht ermittelt werden. Wir bitten sie, sich beim Verlag zu melden.

NAMENSREGISTER

Claudia Saam, Germanistin, Studium mit Schwerpunkt »Exilliteratur« in Frankfurt am Main und Bologna.
Lebt als Autorin in Berlin.

Wolf-Rüdiger Baumann, Historiker, Ökonom, Research Fellow und Promotion am Europäischen Hochschulinstitut in Florenz, Doktor der Geschichte und Kulturgeschichte. Zahlreiche Buchveröffentlichungen und Aufsätze.
Lebt als Autor in Berlin.

LESEN SIE WEITER

Mauern zum Sprechen bringen: Unter diesem Motto hat sich Momme Brodersen, ein intimer Kenner von Leben und Werk Walter Benjamins, eingehend mit der Geschichte des Hauses beschäftigt, das die Familie Benjamin fast ein Vierteljahrhundert lang bewohnte.

»Das Buch schließt nicht nur Lücken in Walter Benjamins Biographie, sondern erzählt deutsche Geschichte, sogar Weltgeschichte. Dabei war akribische Recherche gefragt. Umso erstaunlicher, welche Details Brodersen zusammengetragen hat und damit viel Neues zu Tage fördern kann.«
Deutschlandfunk Kultur, Elke Schlinsog

180 Seiten, gebunden mit Abbildungen, 24 €
ISBN 978 3 88747 407 2

Die bewegte und bewegende Biographie eines Hauses – sie verbindet Architekturgeschichte und jüdisch-deutsche Kulturgeschichte – mit dem Verleger und Mäzen Salman Schocken im Mittelpunkt.

»Jochen Mindak hat ein Buch zum faszinierenden Schicksal einer Zehlendorfer Villa geschrieben, einem Haus, aus dem einen nun wie aus tausend Augen das Gewicht der Geschichte anstarrt, von der das spannend erzählte, mit vielen Fotos versehene Buch berichtet. Ein Buch eben über ein echtes Stück Berlin.«
Berliner Zeitung, Bernadette Conrad

144 Seiten, gebunden mit Abbildungen, 20 €
ISBN 978 3 88747 395 2